实证论文写作八讲

Eight Lectures
on Writing
Empirical Papers

刘西川 著

北京大学出版社
PEKING UNIVERSITY PRESS

图书在版编目(CIP)数据

实证论文写作八讲/刘西川著.—北京：北京大学出版社，2020.10
ISBN 978-7-301-31772-3

Ⅰ.①实… Ⅱ.①刘… Ⅲ.①论文-写作-高等学校-教材 Ⅳ.①H152.3

中国版本图书馆 CIP 数据核字（2020）第 201770 号

书　　　名	实证论文写作八讲 SHIZHENG LUNWEN XIEZUO BAJIANG
著作责任者	刘西川 著
策划编辑	王晶
责任编辑	王晶
标准书号	ISBN 978-7-301-31772-3
出版发行	北京大学出版社
地　　　址	北京市海淀区成府路 205 号　100871
网　　　址	http://www.pup.cn
微信公众号	北京大学经管书苑 （pupembook）
电子邮箱	编辑部 em@pup.cn　总编室 zpup@pup.cn
新浪微博	@北京大学出版社　@北京大学出版社经管图书
电　　　话	邮购部 010-62752015　发行部 010-62750672 编辑部 010-62752926　出版部 010-62754962
印　刷　者	河北博文科技印务有限公司
经　销　者	新华书店
	880 毫米×1230 毫米　32 开本　7.5 印张　186 千字 2020 年 10 月第 1 版　2025 年 5 月第 14 次印刷
定　　价	32.00 元

未经许可，不得以任何方式复制或抄袭本书之部分或全部内容。
版权所有，侵权必究
举报电话：010-62752024　电子邮箱：fd@pup.cn
图书如有印装质量问题，请与出版部联系，电话：010-62756370

自　序

自2009年以来，我一直有一种想法，那就是写一本关于实证论文写作方面的指导教材，到了10年后的2019年，这一想法尤为强烈。自2011年起，我已面向本科生开设了近10年的"文献阅读与写作"课，在授课中不断思考、实践与探索，慢慢便形成了一些自己的见解。这些年的积累让我萌生了"授人以鱼不如授人以渔"的想法。除了平常的教学与科研工作，我也常常利用讲座和微信公众号等各种形式与年轻朋友交流论文写作心得。很多年轻朋友认为，我的写作心得能直击他们的"痛点"，能提供可操作的解决思路，用他们的话来讲，就是"尽显真诚、满是干货"。原本担心因自己实力和资历尚浅，不足以担当大任，但在年轻朋友的鼓励之下，我又重新鼓起勇气，坚信"登山不以艰险为止，则必臻乎峻岭"。2019年暑假，我将编写这本《实证论文写作八讲》的工作提上了日程。为了帮助大家更好地阅读和使用这本教材，我将在本序中围绕"为什么要写这本书"这一主题，展开关于论文写作的思考和讨论。

一、 论文写作的教学现状

本书探讨的论文既不是中学阶段的那种作文，也不是国学素养课和文学欣赏课的文章。在我看来，大学阶段的论文写作是先利用逻辑思维构思布局、组织观点，再搜集证据、取舍素材，然后运用准确的语言表达观点和展示结论的一个过程。究其本质，论文写作已经不是一般意义上的写作过程，而是一种组织观点和论据的过程。不过也正因如此，论文写作不应该只是专业人士的特殊技能，而是每个人都应该具备的一项基本能力。一些人片面地认为论文写作只属于科研人员，其实这是一种认识误区。这种能力其实是很多人终生都需要的，并且他们能从中受益良多。

文字是内在思想输出的形象化产物，论文写作是思维外化的过程，尽管论文写作很重要，也有相应的要求，但多数学生一提起论文写作就发愁，实在不知如何下笔时就东抄抄、西抄抄，应付了事，最后写出的论文连自己都不愿意再看一遍。这不难理解，试想一下，如果满篇论文都是别人的思想与观点，而且还缺乏合理的逻辑，谁还能有兴致和耐心去阅读呢？写作是人们终生无法避免的事情，对大学生来说，写作直接关乎两件事情：一件是毕业论文，另一件是毕业后需要的应用文，如求职信、工作报告、电子邮件、年终总结与工作成果汇报等。如果写作能力不强、词不达意，就不能全面地展现自己，甚至无法满足工作需要，因此会错失很多宝贵的机会。

为了提高学生的写作能力，大学应该提供相应的课程。据我所知，有些高校为大学生开设了大学语文课，但它很多时候仅仅是一门选修课，只有一部分学生来选修，而且该课程通常由中文系老师主讲，这就很可能导致在大学语文课程中论文的意义和价值被大大低估，这是因为这样的大学语文课程相对而言更着重于遣词造句等方面，而对观点、论证及写作逻辑等方面的重视程度严重不足。

大学阶段的论文写作，不应停留在中学语文教育那种模式化、知识化和考点化的应试阶段，而应更加重视对学生写作逻辑思维能力的培养。换言之，大学阶段写作课程最需要解决的难题是，如何实现从高中作文写作向学术论文写作的转变。值得注意的是，高中阶段养成的应试型思维与大学阶段所需要的研究型思维存在很大差异。其中最突出的差别是，前者是吸收知识并输出，后者是吸收知识之后要经过思考和研究来创造新知识。

总体来看，针对大学本科生与研究生的写作教学问题，国内在实践层面的"研发"和探索较为缺乏。国内高校对学生写作技能的培养通常采用两种办法：一是"移花接木"，即用研究方法论课程来代替写作课，例如开设计量经济学方法及软件应用等课程，讲授统计与计量分析方法，其教学重点是计量统计分析的逻辑和内容，往往缺乏文字写作方面的指导与训练，这导致学生即使能够掌握学术研究中的统计与计量方法，还是写不出论文。二是单人负责，即把写作的教学任务分派给某个老师，让他用16个课时或32个课时把这门课上完。针对上述的第一种办法，我想说的是，虽然论文写作课和研究方法论、研究技术存在一定的联系，但写作课更强调科研思维、研究设计、语言表述以及诸多研究细节等。这门课的内容应该和学生的具体诉求紧密联系起来，指导老师也要走进学生的真实写作场景中，不然，学生遇到问题无人指导，问题无法解决，写作就会停滞不前。对于第二种办法，我们应该看到，教师个人的时间与精力是有限的，一个老师很难针对某个学生写作过程中的具体问题进行逐一指导。因此，寄希望于一个老师来解决所有学生的写作问题是不现实的。同时，写作是一个"写作——反馈——修正——反馈"反复持续的过程，这就要求学生在实践中不断学习，不断修改，可以是老师给学生修改，也可以是同学之间相互修改，因此，第二种办法有很大局限性。

我之所以愿意长期开设"文献阅读与写作"课，并竭尽所能来编写这本《实证论文写作八讲》，就是因为充分认识到了论文写作的重要性。在本书中，我会专门针对学生在写作过程中可能遇到的问题和困难，剖析写不好论文背后的原因，并提出具体的破解方法。

二、论文写作面临的三重阻力

（一）第一重阻力：思维逻辑上存在缺陷

写作从来不是孤立之事，它也不是讲格式和讲规范就能解决的，它是"阅读——思考——写作"链条上的重要一环。从更深层次看，写作不好是因为阅读和思考不够或者还不够努力！我们会发现，会写作的人大都思维非常清晰，对问题的思考尤为深刻。大学论文写作课应重在培养和规范学生思考问题的方式，使其思维方式更严谨、更基于事实，并进一步帮助学生建立起自己的知识体系。从这个角度来讲，论文写不好的一个重要原因是思维上出了问题。此外，客观地看，写作也是一个技巧问题，论文所要求的格式和规范有章可循。还有，如果能够在遣词造句、文采修辞上达到更高要求，那就是锦上添花了。

具体到论文写作实践上，学生在思维方面普遍存在的问题主要体现为以下三点：

一是缺乏问题和假说。论文如果没有真问题，那么这就意味着作者没有找到认识分歧点或空白点，即使忙活大半天，最终结果也还是对认识的推进无益，是瞎忙活！进一步分析可以知道，发现不了问题反映的是质疑精神不够，而提不出假说则与猜想能力不够有关。

二是缺乏研究结论和学术观点。为什么没有结论和观点？一方面，缺乏问题和假说就会直接导致研究没有结论。另一方面，这和写论文的目的有关。如果把写论文当成了写作业，以为按部就班地完成就万事大吉了，那么，写作便难以得到创新的结论和观点。事实上，写论文就是为了提出和论证新观点，重点在于创新，这是知识生产的必然要求。

三是缺乏分析和论证。论文中的分析与论证过程，实质就是瞄准问题，用一定的科学方法和技术以及经验素材验证所提出的假说的过程。缺乏分析和缺乏论证是论文写作初学者的两大"心病"。其中，缺乏分析是指未能针对假说展开比较和验证，既缺乏对假说内在逻辑的清晰阐释，又缺乏结合实证分析结果及相关经验证据对假说进行必要的检验。更进一步来看，缺乏分析与研究目标不明确、研究方法掌握与运用不过关有关。缺乏论证则主要表现在三个方面：①没有抓住论证的对象，论证的焦点应是所提论点的内在逻辑、创新性及重要价值。②论证缺乏逻辑，层次结构不清晰，尤其是缺乏相应的理论做支撑。③缺少必要的、有力的经验证据。

（二）第二重阻力：态度上不够真诚

求真的态度是论文写作中最为重要的，也是最难能可贵的。很多人认为做研究只是工作、写论文就是完成任务，我并不赞同这种观点。我坚信，作为一个研究者，应该相信自己做的就是科学研究，即使自己的研究水平有限，也是有可能取得创新成果的。可以试想一下，如果我们从态度上就不重视科学研究的求真精神，对创新不自信，最终选择了俗气和随大流，那么必然会偏离科学研究的大道，相应地，论文写作也就成了拼凑和对付。

(三) 第三重阻力：行动上较为懒散

这里所说的懒散既有思维方面的也有行动方面的，但更多地体现在行动上。具体到研究和写作中，表现之一就是不愿踏踏实实地研读文献、写文献综述。我们不禁要问，如果缺乏扎实的文献阅读功底，那么怎样才能发现已有文献存在的不足和问题，又怎能提出有价值的假说呢？以实证论文为例，其以证伪为核心，研究者不仅要找出经验证据来对提出的假说进行检验，还要反复尝试各种检验方法以排除其他理论解释的可能性，而此时文献综述就是基础。而且，证伪与将知识点记住和理解显然是不同的，它是一个漫长的探索过程，完成它需要一定的耐心和毅力。

那么，如何才能写好论文？我想，首先需要在思想和认识上扫清上述三重阻力。同时我也坚信，学术研究和论文写作是有方法可循的，可以通过学习和训练掌握，进而把研究做好、把论文写好。

三、我的经历，让我有信心

我和论文写作之间的渊源以及最紧密的联系都莫过于自己所从事的科研工作了。从2004年读博开始，论文几乎占据了我大脑的全部。关于论文写作，我深受其痛，因而有颇多体悟。特别需要说明的是，我本科和硕士阶段学的专业都是文科，在经济学、统计学以及计量方面，我完全是一个"小白"，一切都是零基础，为了做研究，读博期间我不得不从头学起。大多数人在实证论文写作中遭遇的困难与痛苦，我都遇到过，这样的经历使我更能抓住论文写作中的痛点，也更能体察初学者的困难和茫然。

同时，针对这些痛点与问题，我也曾反复琢磨并想尽办法来解决，很多思考和经验都是自己一步一步摸索出来的。这些经由亲自实践而总结出来的经验体会是非常务实的，我坚信能够给大多数人提供借鉴和启发。

入了科研这一行，就离不开论文投稿和审稿两个环节。我能有勇气写这本论文写作指导书，还和自己的审稿经历有关。审稿要求实现作者与审稿人互换角色，一方面要能以"他者"的眼光审视和反思论文的内容，另一方面也要能从作者的角度思考如何修改并完善论文。对于自己撰写的论文，有时候自己根本无法意识到问题所在，殊不知，立论、证据乃至分析与论证，都有可能存在疏忽和力所不逮的地方。审稿经历让我明白了论文是人们相互之间交流的媒介，要以论文见真知，并让他人看明白。

本书的内容主要来源于我在教学中收获的经验。从 2011 年起，我开始给本科生上"文献阅读与写作"课，至今已有近 10 个年头。这期间，我的思考经历了三个阶段：第一个阶段，我的关注点在于语言本身，我上这门课的目标是能帮助同学们提得起笔，不至于写不出什么内容。希望最好使他们通过这门课的学习，掌握一定的写作技能，从而轻松地完成课程论文和本科毕业论文。第二个阶段，我发现学生写不出内容及表达不清观点更多地是和思维有关，写不出来是因为同学们没有在脑海里进行认真的学术思考，最突出的表现就是无法形成自己的观点。第三个阶段，我的关注点是某个具体场景。例如具体到某个同学，他很想把论文写好，但在实际行动中却发现到处都是"拦路虎"。这让我明白，论文写作其实是一个系统，要提供"一揽子"措施，并且最好能给学生提供陪伴式指导。正是这些年的教学经历，让我对论文写作有了更系统的思考，也努力尝试提供系统性的解决方案。同时，我也能更加直接地了解到同学们在论文写作方面的"诉求"，并利用课堂教学检验自己的解决办法是否可行，在教学相长的过程中逐步改进。

本书的写作初衷也与我开微信公众号的经历有关。2018年开春，我饶有兴致地开了一个微信公众号，取名为"刘西川阅读写作课"。本是无心插柳之举，却不料它竟成为我和年轻人交流论文写作的媒介。有很多年轻朋友直接给我发邮件或后台私信留言，这其中既有表示肯定和感谢的，也有提出他们在写作实践中遇到的问题、希望我能给予解答的。通过与更多年轻人的交流，我更加清晰地认识到了他们的需求，从而进一步思考自己抓的问题是否准确、提出的办法是否切实有效。他们的热情、好学和真诚给予了我莫大的精神鼓励。平心而论，年轻人确实很需要一本能贴近他们的研究和写作状态、对症下药的书。用当下比较流行的时髦语来讲，论文写作指导书要务实、有干货，能解决实际问题，可操作性强，尽量不要"板着脸讲大道理"。

有必要在这里提一下我讲解论文写作的优势。相比之下，我的优势主要有以下三点：第一，我是从"是什么"入手来认识实证研究论文及其各个主要部分的。这种认识更有利于抓住任务目标。在我看来，实证论文是假说证伪，瞄准的则是理论创新，也就是研究结论要推进理论认识。抓住了假说证伪，就是抓住了实证论文写作的"牛鼻子"。第二，我认为实证研究及论文写作是可以进行技术拆解的，每一个研究动作都能具体化。这就为初学者敞开了前进的大门：先一步一步地认识、学习和练习与假说证伪相关的动作，然后进入自己的问题场景，展开具体研究，综合运用所掌握的动作，为做好实证研究、写好论文打下基础。第三，我曾经在自己的研究领域尝试过多种研究思路，如计量实证、案例研究和调查研究等，均取得了不错的研究成果，积累了较为丰富的实战经验,可以说,这些经验是有"温度的",更容易被读者认可、理解和接受,感兴趣的读者可以在本书所提供的范例中寻求印证。

令人欣喜的是,目前国内大学教育已经开始重视对学生论文写作能力的培养。据我所知,清华大学和中国科学技术大学现在已经开设了论文写作课。我的这本教材,可以被视为国内积极探索论文写作教育的一朵小浪花。我希望把这门课上成一门思维课、一门实操课、一门论证课,强调思维训练、动手做和论证正是这门课的三个显著特点。

在思维训练方面,我注意到了一般研究方法课比较重视"如何做"但相对忽视"如何设计",本书在内容安排上将特别强调"如何做"之前的思考和计划,反映在论文写作中就是应关注研究设计和研究思路等内容。其中,研究设计这部分旨在帮助大家学习如何寻找并设计一种恰当的方法来研究和解答所提出的问题。

在动手做方面,一般研究方法课虽然讲授了"如何做"的步骤与要领,但是这些内容仍然不够具体,实操性还是不强。"如何做"的要领是紧紧围绕假说证伪这个核心展开,需要掌握的是一系列与假说证伪有关的具体动作及其作用对象。在本书中,我将这些复杂的研究动作都进行了技术拆解,明确了每个动作作用的具体对象,让研究和写作变得可操作起来。

在论证方面,通常的做法和经验是,过程怎么做的以及做出来的结果是怎样的,就将它们一五一十地记录下来,可以说在"如何论证"与"如何表达"方面考虑和着力较少。与此不同,本书将特别重视表达,并反复强调论证之于实证论文的重要性。

此外,我还希望把这门课上成鉴赏课,尝试通过拆解和剖析,使同学们能够在实践中慢慢形成自己的认识和判断,知道什么样的论文才是好论文，它的优点和特点是什么，也就是说，要先找出"榜样"来。

本书的目标读者是想把实证论文写好的本科生和研究生。特别需要说明的是，本书所讨论的实证研究特指应用经济学领域基于计量模型和数据的实证研究。我期望读者通过本书的学习及相关实践，能够培养出两种能力：一是证伪能力，即通过文献综述发现问题、提出假说，然后选择理论，构建分析框架并借助实证方法与数据来进行验证；二是写作能力，要掌握如何从一个原始的想法到一个粗略的草稿、再经反复修改终成文章的写作过程。简言之，在写作课的训练中，我不是很关注学生到底用了哪个词、用了什么样的句式，我更关注的是学生在写作过程中如何发现问题，又是如何提出假说并对其进行检验的。

需要指出的是，写一本指导年轻朋友如何做研究、写论文的书，本身就是一件十分困难的事情。从一定意义上讲，研究能力和写作能力的培养并不能单纯地依靠教，更重要的是靠不断学习、思考和实践来逐步增强。

最后，我要感谢在本书撰写过程中提供帮助的诸多良师益友，要特别感谢南京财经大学孙光林博士以及我的三个得力助手：姜鑫冉、吴欢和闫华。

当然，书中不可避免地还会存在诸多不足和有待改进之处，希望大家多提宝贵意见，我的邮箱是 westriverliu@163.com，也可以通过关注微信公众号"刘西川阅读写作课"给我留言。

刘西川

2020 年 5 月

目 录

第一讲 实证论文写作：路在何方 ·················· 1
一、什么是科学研究，什么是论文写作 ············ 5
二、论文写作到底难在哪里 ···················· 9
三、破解写作难题的思路与方法 ················ 12
四、本书的主要内容 ·························· 17
思考与练习 ·································· 26

第二讲 如何写摘要 ································ 27
一、摘要写作常见问题 ························ 28
二、什么是摘要 ······························ 31
三、摘要写作的三个步骤 ······················ 35
四、好摘要的标准及检查完善 ·················· 42
五、小结 ···································· 45
思考与练习 ·································· 46

第三讲 如何写引言 ································ 47
一、引言写作常见问题 ························ 48
二、什么是引言 ······························ 50
三、引言的内容与结构 ························ 53

四、示例 ··· 58
　　五、小结 ··· 67
　　思考与练习 ··· 68

第四讲　如何写文献综述 ··· 70
　　一、文献综述写作常见问题 ··· 71
　　二、什么是文献综述 ··· 74
　　三、文献综述的内容与结构 ··· 76
　　四、文献综述写作的要点与步骤 ··· 85
　　五、小结 ··· 99
　　思考与练习 ··· 100

第五讲　如何写研究设计 ··· 102
　　一、研究设计写作常见问题 ··· 103
　　二、什么是研究设计 ··· 106
　　三、怎样完成研究设计 ··· 112
　　四、研究设计写作的要点与检查标准 ······································· 123
　　五、小结 ··· 135
　　思考与练习 ··· 136

第六讲　如何写实证分析 ··· 138
　　一、实证分析写作常见问题 ··· 139
　　二、什么是实证分析 ··· 143
　　三、实证分析的前期准备 ··· 147
　　四、如何做实证分析 ··· 149
　　五、实证分析写作的要点及示例 ··· 155

六、小结 ·· 168
思考与练习 ··· 169

第七讲　如何写结语 ·· 171
一、结语写作常见问题 ·· 172
二、什么是结语 ·· 175
三、结语由五部分构成 ·· 178
四、结语写作的要点及其他 ····································· 190
五、小结 ·· 197
思考与练习 ··· 199

第八讲　实证论文写作：路在脚下 ························ 200
一、研究是一个过程，需要反馈 ······························ 203
二、实证论文的核心是假说 ····································· 205
三、引言很重要但不好写 ··· 208
四、文献综述与提出假说 ··· 210
五、研究设计先要遵循规范 ····································· 212
六、实证分析做的是"排除法" ································· 214
七、结语是更开放的讨论 ··· 216
八、还需要交代的地方 ·· 217
思考与练习 ··· 218

后　记 ·· 219

第一讲 实证论文写作：路在何方

内容提要：科学研究是创造知识的过程，是一个提出问题和回答问题的连续过程，其特点就是求新。从过程来看，论文写作是一个逐渐捋清想法和思路、进行构思并展开论证的过程。从结果呈现来讲，实证论文主要包括如下部分：摘要、引言、文献综述、研究设计、实证分析与结语，这也是本书主要讲的六个部分。论文写作的常见难点有二：一是认识上不认同论文写作的功能在于追求创新、推进理论发展；二是行动上对与证伪相关的动作、步骤不清楚，没有完全掌握。本书从"是什么"出发来把握研究和论文。从功能来讲，实证论文写作的本质是证伪假说。实证论文应包括三部分内容：第一部分可以被称为已有认识，由相应的理论基础和经验证据组成；第二部分可以被称为新认识，它是提出的新假说；第三部分是提供的经验证据，它和新假说有关。为了更好地实现证伪这个功能（也就是实证论文写作的目标），并把这三部分内容及其关系阐述清楚，可以按照动作和对象对论文写作过程进行技术分解，化整为零，让一切都变得可操作起来。

本讲提纲：
一、什么是科学研究，什么是论文写作
    （一）什么是科学研究

（二）什么是论文写作

二、论文写作到底难在哪里

　　（一）一篇论文的最基本要求

　　（二）初学者面临的拦路虎

三、破解写作难题的思路与方法

　　（一）论文是什么：功能—动作—对象

　　（二）实证论文的主要内容

　　（三）如何写论文：动作分解

四、本书的主要内容

　　（一）概览

　　（二）主要章节内容

　　（三）几点说明

　　本章将要重点回答的问题是：本书为谁而写，以及它能解决哪些问题。论文写作的重要性不言自明，那为什么仍然有那么多人写不好论文呢？究其原因，首先是大多数人在态度上出现了问题，在价值观上不再认为认真付出是值得的。最常见的行事风格就是应付和凑合，他们认为就像做算术题那样，照猫画虎地演练一遍就行了。其次，有的年轻朋友是心有余而力不足，即他们想把论文写好，但却感到无从下手，可以把这类情况概括为"有心无力"。细心观察之后可以发现，有心无力者又可分为两类：第一类是有短板的，如该掌握的方法和技术没有掌握，或者说掌握得不够熟练、不能灵活运用，即当需要使用某种方法和技术时，自己却不会；第二类是该掌握的方法和技术都掌握了，该拥有的素材都具备了，但文章内容就是统领不起来。第一类没有什么可以论述的，唯一的办法就是恶补基本方法和技术，缺什么补什么。最好是在实践中学习，即干中学，这样不仅学得速度快，而且更能学会灵活运用。

情况比较复杂的是第二类"有心无力者"。一方面，他们对"什么是研究"及"什么是实证论文"这方面的认识还比较模糊，对推进理论认识和知识创新比较冷漠甚至根本不关心，这直接导致写出来的论文不能抓住"假说"这个核心。另一方面，他们不清楚论文写作中与提出、检验假说相关的具体动作及相应的作用对象。前一个方面表明，论文内容之所以缺乏逻辑，是因为未能用假说将全文内容统领起来；同时，有些初学者写出来的论文立意不高、价值不大，问题也出在假说上。后一个方面可以说明，为什么有些同学积极参加学术研讨会、聆听学术大佬的写作心得甚至研读经典论文，却最终仍然做不出让自己满意的学术成果。原因就是，映入眼帘或听进耳朵的都是成品。相对而言，研究者一般都不会详细说明他们在研究过程中的所思所想以及所面临的挫折与可选择的解决途径，而这恰恰是最重要、最宝贵的经验，也是大多数初学者特别想知道的。

本书的目标读者是想把实证论文写好的本科生和研究生，基本思路是按照"功能是什么"和"如何实现功能"展开的。在我看来，论文写作及其相关研究工作的功能就是推进理论认识，追求知识创新。对于如何实现这样的功能，我的回答是，既需要本着求真的科研态度，还需要在思维上具备证伪的理念和意识，更需要将证伪的行动具体化、程序化。与市面上常见的论文写作指导书相比，本书有两个显著特点：第一个特点是将实证论文的功能或作用界定为推进理论认识，在证伪的语境里提出和检验假说。第二个特点是从"功能—动作—对象"视角对论文主体部分进行技术拆解，从论文及其组成部分的功能来把握和处理论文写作，不仅将动作具体化，而且还对具体动作的作用对象进行细化。就实证论文而言，动作就是证伪，而作用对象就是问题和假说、方法和数据及经验证据等。通过对动作和对象进行技术拆解，原来那些看上去高深莫测的实证研究就会变得可操作起来，同时实证研究的程序和过程也变得可检查了。

尽管笔者人微言轻，但仍然会本着求真、创新的理念和态度来对待研究和写作。个人认为，实证研究和论文写作面对的对象包括问题、假说、理论、方法、数据及经验证据等。我的一个基本观点就是，有必要将论文写作纳入知识生产与创新的轨道上，将研究和写作变成一件有价值的事情。

在这个方面，初学者经常会怀疑自己所做的工作是否算得上是科学研究。大家在心里常常犯嘀咕的一个问题就是：本科生和研究生做的研究、写的论文到底有没有创新、有没有价值？对此，我的回答是，首先要相信自己做的就是科学研究，在此基础上才有可能获得创新。郑重地讲，本书没有把注意力集中在写作技巧上，所讲内容不是帮助读者去更好地摆弄和包装论文。

困扰初学者的另一个问题是：论文写作是否"有章可循"？我的回答也是肯定的，论文写作是有规范的流程和步骤的。根据研究目标，我将论文写作从动作上进行了拆解，至少做到了从技术细节上帮助初学者看清楚一篇实证论文的具体内容、动作细节和相应的作用对象。

我坚信，摆正态度、认真学习是能够写好论文的。也就是说，即使只是一名本科生，如果能够认同并坚信求真和创新的理念，从证伪和假说角度来把握和推进自己的研究工作，并反复拆解、练习和实践与证伪有关的一系列工作，那么肯定能够写出一篇规范且有价值的学术论文。在这里，我将帮助大家树立信心、做好准备再出发！

如何才能帮助"有心无力者"建立信心并一步一步地付诸

实践呢？首先，我给出了自己对论文写作的认识，对论文写作的目标和性质进行了界定，同时也指出论文写作不仅是研究的结果，也是研究的过程。其次，我进一步思考了于初学者而言论文写作到底难在哪里，发现并指出了两个主要难点：一是认识上不认同论文写作就是追求创新、推进理论认识；二是行动上对与证伪相关的动作、步骤不清楚，没有完全掌握。

最后我将重点论述本书破解论文写作难题的思路和方法。具体而言，把握科学研究和论文写作首先要理解"是什么"这个问题。从功能来讲，实证论文写作的本质是证伪假说。为了更好地实现这个功能（也就是实证论文写作的目标），我按照动作和对象对论文写作进行技术分解、化整为零，让一切都变得可操作起来。本书有两个主要目标：第一，帮助大家把握实证论文的性质——推进理论认识是实证论文的目标，实现目标靠的是动作，这个动作就是证伪；第二，帮助大家从功能、动作和对象三个方面综合起来认识实证论文的全貌。

经过阅读、理解和思考以上内容，读者至少可以明白，实证论文不再是日常用于交差的课程论文那么简单。例如，实证论文研究的是理论上的问题，而不是现实世界中的"就事论事"。它的目标是要有创新，而不是能交差、能发表即可。它需要体现专业的研究态度和水平，是有"门槛"的，没有适当的积累或准备就想写出实证论文来，是不可能的。

一、什么是科学研究，什么是论文写作

一些人对如何撰写一篇实证论文存在一定的误解，他们简单

地认为写不出论文仅仅是语言表达方面的问题，甚至归咎于中学阶段语文学得太差、文字表达不过关。实际上，写论文本身就是在做科学研究，而科学研究并不是一个明确、简单、按部就班的过程，它充满了不确定性，即不确定是科学研究的一个常态，因此，科研人员常常会走弯路、甚至是做无用功。与学生们日常接触的普遍意义上的作业相比，与科学研究紧密相关的论文写作没有正确答案，写作过程更多的是疑惑和焦虑，这导致很多学生比较排斥论文写作。

（一）什么是科学研究

1. 定义

科学研究是创造知识的过程，其特点就是求新，它体现在人们试图通过探索和思考推进对事物的理论认识。一般而言，科学研究最基本的要素包括假说、证据和逻辑论证。从要素来看，在实证研究领域，知识创造是通过假说、证据和逻辑论证来完成的。这里所说的假说是指研究者对事物和现象的一种抽象性的观点或认识。证据则是指研究者在现实中获取的各种经验素材，包括数据和案例等。逻辑论证其实就是检验，一方面是检验假说内在的自洽性，即假说是否符合形式逻辑要求，另一个是检验假说与证据是否一致。

2. 研究过程

事实上，科学研究的过程是始终围绕"提出假说——收集经验证据——验证假说"这一模式进行的。我是一名忠实的波普尔追随者，波普尔认为，发现真理没有捷径，没有灵丹妙药，解决问题的方式只能是试错。他将科学知识的增长或科学理论的发展过程划分为四个步骤：①科学始于问题，问题促使科学家思考；

②思考的结果是，科学家尝试性地提出各种各样的猜想，即假说；③各种假说之间展开对话和竞争，并经受观察和实验的严格检验，从而筛选出更优越的理论；④理论在科学发展过程中被证伪，进而促使新问题的出现。其中，证伪是指通过实验或经验实证所发现因果关系或机制的影响与理论预期的影响相反或不一致。

科学研究是一个提出问题并回答问题的连续过程。一方面，不断地提出解释事实或现象的各种新理论、新猜想或新假说，然后不断寻找和收集新的经验证据来支持或反驳这些理论、猜想或假说；另一方面，在逻辑推理的帮助下，通过论证，不断排除错误的理论或假说。

具体到一项经济学实证研究中，研究过程包括以下四个步骤：①选择一个科学的问题。②通过文献综述或理论分析提出关于这个问题的新假说。③搭建检验这个新假说的研究设计。④使用计量模型和数据进行实证分析以验证新假说。验证结果要么是新假说未通过检验，拒绝它或者修改它并重新验证；要么是新假说通过了检验，暂时接受它。

以上对"什么是科学研究"的阐释有两点直接的启示。第一点启示与验证假说有关。在知识谱系中，研究可以分为两种：一种是提出、发现和创造了新的知识；另一种是对原有知识的检验。大部分本科生的研究与后一种更接近，属于验证型研究，即使用新数据对已有理论进行检验。这种检验是把已有理论应用于新的数据或新的情境，如果通过了检验，就扩展了理论的适用范围，深化了我们的已有认识。第二点启示与论证有关。研究者通过构建论证来创造新知识，论证主要依靠逻辑推理和证据来支持某个结论。知识创造过程中一个更为棘手的问题是：如何对论证进行评价？因为针对一个问题会存在不同的观点，但并不能说明所有的论证都是正确的。研究者需要具备认识和评价论证及其组成部分（假定、逻辑和证据）的能力，例如至少应对逻辑的合理性有所考查，思索一下该论文的经验证据是什么，它是否支持结论等。论证在论文写作中很重要，而它往往也是令一些初学者拿捏不住的地方。

（二）什么是论文写作

1. 定义

什么是论文写作？最普遍的看法就是，它是一种成果，是一种交流研究结果的沟通方式，这种认识比较容易被接受。问题是如何从成果的角度来把握论文写作。初学者一般很难深入了解研究者在写作过程中可能省略掉的复杂研究过程，特别是研究者处理棘手问题的具体策略和手段。从这个角度来看，更有必要接受另一种认识，那就是论文写作是获得研究结果的过程。

而从过程视角来看，论文写作至少包括三种含义：第一，论文写作是一种发现工具。它可以将研究者原来模糊的想法清晰化，在某种意义上，它有助于研究者更好地把握和审视所选择的思路和方法。第二，论文写作是一个构思过程。这个构思的关键就是想办法将理论假说与经验证据"对接"起来，这就是通常所说的研究设计。第三，论文写作是一个论证过程。经过构思和验证后，学术论文要具有逻辑清晰、层次分明的论证结构，并能提供相应的经验证据来支持文章的结论。总之，论文写作不仅要呈现研究的结果，而且其本身就是一个研究过程。论文是构思和写出来的，它需要不断修改才能逐渐完善。

2. 论文的内容及形式

从结果呈现来讲，实证论文包括如下主要部分：摘要、引言、文献综述、研究设计、实证分析与结语，这也是本书主要讲的六个部分。其中，文献综述、研究设计和实证分析是论文写作的三个主体部分，这三个部分更多地与提出假说并检验假说有关，而摘要、引言和结语则更多地与论证有关。

二、论文写作到底难在哪里

（一）一篇论文的最基本要求

从目标上讲，一篇论文在认识上要有所推进，即使无法呈现一些原创性的认识和观点，只通过搜集新数据等方法验证了已有理论认识，也同样值得肯定。从过程来讲，写论文就是证伪假说。从语言上看，论文写作就是论证。

1. 从目标上看，论文写作要在认识上有所推进、要有创新

创新性是论文写作的核心和灵魂！创新体现在很多方面，如新的问题、理论、方法、数据及建议等。在诸多创新当中，最高级的是理论创新，退而求其次是观点创新。创新点是论文的核心和线索，论文写作必须要围绕创新来展开，尤其是要围绕创新的具体载体——假说来展开，论文在内容上亦需围绕创新来取舍、组织和安排。

2. 从过程上看，论文写作要围绕证伪假说展开

证伪性或可比性是指既要能在一个可比较的平台上对自己的研究内容进行检验，也要能和其他相关研究进行比较，这样才能做到"货比三家",优秀的论文实际上是"比"出来的。从证伪假说的过程来看,研究者需要认真思考以下三个方面:一是提出的问题和假说,这直接关系到一篇文章的价值和贡献,好的问题蕴含着好的理论生长点。二是研究设计,论文写作要体现出整个研究是一个设计的结果,而设计的目的就是更精准地检验假说。评价一篇论文,不仅要看其结果和结论,还要看其研究设计是否科学。三是实证分析,重点考察所提供的经验素材是否能够充分、有力地支持待检验的假说。

3. 从语言上看,论文写作是论证

论证主要是针对思维方式与写作方式而言的,从设计上讲,论文要有被推翻的空间和可能,而接受仅仅是基于目前掌握情况所做的暂时性结论。论文写作更像是在与人交流或讨论,从这方面来看,论证及其说服力就显得非常重要了。一旦从语言上将论文写作理解为论证,总分的写作方式就非常实用了。无论是一节还是一段,都要按照总分框架来写,要先摆出观点,然后再提供支撑依据。

(二)初学者面临的拦路虎

初学者往往不重视写作,也不知道怎么去写。既有态度上的问题,也有思维上的问题,更有行动上的问题。倘若在具体做和写的过程中,稍微遇到点困难和麻烦就直接放弃了,那肯定是写不好论文的。

1. 思维误区

初学者在思维上最大的误区就是把论文写作的性质给理解偏了,未能认识到论文写作本身就是在做研究,是对假说的验证。论文写作中的行动是"证伪"。证伪采用的是排除法,而不是通过记住某个知识点来实现。换言之，实证论文写作不是模仿、不是在做数学题，而是一种研究，是一种对假说进行验证的研究。关于基于计量模型和数据的实证研究，一些同学在思维上有误区，集中表现在认为实证研究与理论关系不大，实证研究就是简单利用模型和数据做点计量统计分析。殊不知，在做实证研究时，研究者心中必须揣着理论，缺乏理论指导的实证研究注定是徒劳无功的。特别要注意，实证研究与理论紧密相关，而不仅仅是讨论某个影响因素或变量是否显著，也就是说，实证研究同样要强调理论性。

2. 态度误区

一些初学者在态度上存在两个突出问题：一是认为自己所做的工作本身就不是研究，既不严肃也不认真。最典型的就是将目标定低了，认为自己的论文目标和创新没有关系，自己并不具备创新的能力，也不可能推进理论认识。二是不愿意吃苦。实证研究很繁琐，涉及的方面很多，即使百密也会有一疏，因此要时时刻刻准备着弥补，而且必须要有耐心和毅力，精益求精才是正道。在我看来，只有先把态度端正了，才有可能把研究做好、把论文写好。

3. 行动误区

很多初学者写不好实证论文其实是因为实证研究没有做好。具体表现在：一是该掌握的基本技能没有掌握，如计量方法和软件使用等；该具备的基本条件不具备，如数据等。二是即使该掌握的技能都掌握了，该具备的条件都具备了，但论文还是统筹不起来。前一个方面好解决，后一个方面难解决，后者也是大多数初学者感觉困惑甚至存在错误认知的地方。特别要指出的是，实证研究不是按部就班地做计量练习题，它是瞄准创新而去，所有的动作（包括文献综述、研究设计和实证分析等）都要紧紧围绕假说证伪这个核心。只有抓住了假说及其检验这个核心，一篇实证论文才能"立起来"。此外，很多人都低估了实证研究的整体工作量。其中，通过文献综述提出假说很艰辛，实证分析很繁琐，而且证伪是一个反复的过程，更重要的是，要以所做的研究为基础写出一篇规范的学术论文，这将是一段很长的路。

三、破解写作难题的思路与方法

本书将瞄准年轻朋友所面临的两个痛点问题，针对性地介绍实证论文写作的思路和经验：一个痛点是不会证伪假说，具体就是不了解与证伪假说有关的一系列具体动作以及不清楚动作的具体作用对象和功能；另一个痛点是即使掌握了相关动作，仍然难以将论文内容统筹起来，其背后的原因是偏离了假说证伪的"主干道"。为了帮助大家有效解决上述难题，我对自己提出了以下三个要求：第一，在态度上做到真诚，写作过程中不藏着掖着，视学术研究为天下之公器。只有经历过痛苦、苦闷和挣扎，方知真诚的可贵。第二，在理念上信奉求真的精神，不仅相信自己做的研究是真正的研究，而且还要帮助大家相信自己做的研究是真正的研究。第三，在具体操作上，竭力将写作指导建议讲解得更具可操作性、更容易上手，尽量多讲干货，不绕来绕去、无病呻吟。

追溯源头，写不好论文的原因可归结于以下两点：第一，研究者没有搞清楚论文及其主要部分是什么；第二，针对论文及其主要部分的功能，研究者未能熟练、灵活掌握相关必要的技术动作，同时也不清楚动作作用的具体对象是什么。前者涉及"是什么"，与论文的功能和性质有关；后者涉及"如何做"，与动作和对象有关。其中，讨论功能更多地是为了在思维和动作上明确目标，而讨论动作则是为了阐释如何实施具体操作以实现目标。我主要是从"是什么"和"动作技术分解"两个方面来观察、剖析实证论文写作的，同时也从这两个方面来总结写好实证论文的指导性原则和操作性建议。

(一) 论文是什么：功能—动作—对象

对于"论文是什么"这一问题，我将从功能角度入手回答。事物因其功能而存在，功能也是它区别于其他事物的特征之一。论文写作主要需要关注两个事情：一个是结论本身，或者也叫观点；另一个是结论是如何得出来的。在实证论文中，前一个是假说，后一个是证伪。从功能的角度来看，一篇实证论文的功能就是证伪假说。论文的主要组成部分，如文献综述、研究设计及实证分析等，都是围绕这一功能展开的。

接下来的问题是，通过什么方式才能实现证伪假说这个功能呢？个人认为，一个事物区别于其他事物而存在，首先是因为功能不同，而功能不同，则又和性质有关，这就涉及事物的性质。我将从动作角度来把握事物的性质。在我看来，事物的性质实际上讲的是能动性主体针对目标所采用的策略或行动，事物能发挥其功能依靠的就是动作。根据上述对性质的界定，在本书中，实证研究或实证论文的性质就是证伪。这就要求研究者要聚焦于"证伪"这个性质、"证伪假说"这个功能，了解、掌握与此相关的一系列动作及其作用对象。

实证研究的性质是证伪，其目标就是尽可能地发挥证伪假说这个功能并在此基础上获取新的认识。在这个过程中，研究者所实施的动作就是证伪，证伪这个动作的作用对象就是假说。图1.1给出了实证论文功能、动作及对象三者之间的逻辑关系。一个研究者无论是在整体构思时还是在处理某个细节时，头脑中都要有这个"功能—动作—对象"思维图。在一篇实证论文中，针对某个具体功能，研究者心中应有一个具体的动作，同时要考虑到这个动作应有一个具体的作用对象，这个动作和作用对象都指向最初设定的那个功能。这样，"功能—动作—对象"就构成了一个组合，围绕研究主题，连续实施几个这样的组合，就是一项实证研究了。在具体研究中，要了解每一个动作的具体含义、特点及作用对象。以实证分析为例，按照图1.1的框架，可以从功能、动作及对象来对其进行分解：①功能是证伪假说；②动作包括描述性分析、诊断性检验、基准回归、相关计量问题处理、稳健性检验及进一步讨论等；③对象包括相关关系、模型假定与数据统计分布、计量估计结果、有识别难度的再估计结果、变换"情境"的再估计结果、估计结果及其他经验证据等。有关阐述详见本书第六讲。

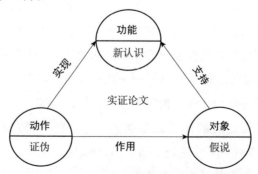

图1.1 实证论文"功能—动作—对象"逻辑关系

(二) 实证论文的主要内容

如果一篇实证论文的目标是推进理论认识，那么所验证的假说就必须具备理论性。为了获取一个明确、具体的理论认识，研究者要经历三个阶段：第一，提出问题，找出理论解释与事物现状之间的差距以及认识分歧；第二，提出假说，提出新的理论猜想来缩小这个认识分歧；第三，检验假说，寻找经验证据来验证假说。这里要注意问题与假说之间的差异及联系。问题与假说所针对的都是理论与现实的差距或认识分歧，而不是研究对象。问题反映了这种差距的冲突性：冲突的一方面是理论解释或预测与事物现状的差距；另一方面是针对某个具体事物现状，有多种并列的理论解释。假说是针对这个差距或分歧而提出的新解释；与已有的认识相比，新假说必须体现新理论，至少是从新的理论视角来观察和讨论问题。

与"提出问题——提出假说——检验假说"这三个环节相对应，实证论文的三个主体部分依次是"文献综述——研究设计——实证分析"。其中，文献综述部分要完成的任务对应"提出问题"和"提出假说"，而研究设计和实证分析要完成的任务对应"检验假说"。

从内容来看，实证论文应包括三部分：第一部分可以被称为已有认识，由相应的理论基础和经验证据组成；第二部分可以被称为新认识，它是提出的新假说；第三部分是提供的经验证据，它和新假说有关。上述三个部分之间的关系可用图1.2来表示。图1.2中的"横粗线"将认识划分为已有认识（第一部分）和新认识（第二部分），将新认识和已有认识联系起来的是问题，新假说是基于新理论对问题的尝试性回答。图1.2中还有一根

"竖粗线",它将新认识分为理论假说和经验证据,前者代表理论上的认识,后者代表经验上的证据。一篇实证论文的重点和难点可以用"竖粗线"和"横粗线"形象地解释:从竖粗线来看,论文要讲清楚用经验证据验证理论假说的逻辑合理性以及最终的具体检验结果;从横粗线来看,论文还要讲清楚就某个具体问题而言,已有认识与新认识之间有什么差异和联系,这是论证的关键所在。

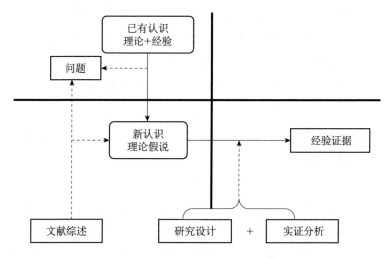

图 1.2 实证论文的三大内容及其关系

(三) 如何写论文:动作分解

对于初学者,论文写作最终还是要落实到如何实施上。如上所述,实证论文的三大内容是文献综述、研究设计和实证分析。其中,文献综述是通过搜集、整理分类、比较、归纳、评价及验证等动作"处理已有认识"(包括观点、方法及经验证据等),最后提出问题和假说。研究设计是通过选择,处理理论、假说、方法及素材，提供检验假说的框架及策略。实证分析是通过识别与推断，处理不同形式的数据结果，以实现验证假说的目的。

表 1.1 汇总了实证论文写作中文献综述、研究设计和实证分析三个主体部分的一系列动作、对象及功能。如表 1.1 所示，我将动作进行了技术分解，同时还给出了每个动作作用的具体对象。例如，就提出问题和假说而言，这个"提出"动作被具体化为搜集、整理、分类、比较、归纳、评价及验证，其作用对象是已有认识。动作技术分解的益处是：第一，通过技术动作分解，将原先模糊的动作变得具体可操作，改善了初学者无从下手的窘境；第二，初学者明确了目的，知道了每一部分要干什么；第三，动作分解之后，研究过程变得可复制和可检查。有了动作技术分解，我们不仅能从技术角度揣摩和赏析一篇好文章究竟好在哪里，而且还能按照技术分解的方法来组织自己实证论文的内容和结构。

表 1.1 与假说证伪有关的"动作—对象—功能"

三个主体部分	动作	对象	功能
文献综述	搜集、整理、分类、比较、归纳、评价及验证	已有认识（包括观点、方法及经验证据等）	提出问题和假说
研究设计	选择	理论、假说、方法及素材	提供检验假说的框架及策略
实证分析	识别与推断	数据结果	检验假说

四、本书的主要内容

再强调一遍，本书有两个立论基础：一是我对研究的认识，即研究的目的是创新、推进理论认识,研究的本质就是假说证伪;二是研究的程序可以被分解,初学者通过对每个技术性动作进行学习、揣摩和练习,最终是可以掌握它们的。也就是说,初学者如果确立了创新性研究的理念和态度,并对相关的动作加以刻苦训练,是可以做好研究并把论文写好的。

(一) 概览

本书是为经管类本科生和研究生编写,指导他们如何写实证论文的,同时也对其他社会科学专业的研究者适用。根据上述对论文的认识,我将论文写作分为两大块:第一大块和做研究有关,主要包括文献综述、研究设计与实证分析三个部分;第二大块和写作有关,主要包括摘要、引言和结语三个部分。

图1.3是实证论文写作的"目标—行动—呈现"示意图。如图1.3所示,一篇实证论文的完整"内容"应包括三个部分:目标、行动与呈现。实证论文的目标是推进理论认识。为了实现这个目标,研究者需要采取的具体行动是提出问题、提出假说和检验假说。从论文的最终呈现来看,摘要、引言和结语三个部分与上述三个具体行动都有关,而文献综述与界定问题和提出假说有关,研究设计与提出假说和检验假说有关,实证分析则与检验假说有关。大家通常都是从最终的呈现结果即成文来把握论文写作的。但初学者要切记,论文写作的目标是推进理论认识,而要实现这个目标需要采取相对应的行动;相应地,论文写作中必须考虑到目标、行动以及最终的呈现结果,以上三个方面结合起来才是一篇实证论文的"全貌"。研究者只要打算做一项实证研究、写一篇实证研究论文,那么其脑海里就应该有这个图,它可以帮

助研究者从整体层面上来把握论文的立意、结构、内容及细节。

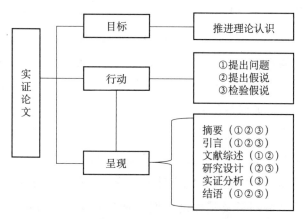

图1.3 实证论文写作全貌：目标—行动—呈现

（二）主要章节内容

全书共分八讲。除了第一讲和第八讲是本书绪论和尾章外，其余六讲分别对应了实证论文的六个主要组成部分：摘要、引言、文献综述、研究设计、实证分析和结语。每一讲的组织结构大致相同。首先，都是先给出内容提要和本讲提纲，让读者对该讲内容有一个概要性认识；其次，再按照以下思路具体展开：①揭示该部分写作常见问题及其原因；②按照"是什么"和"动作分解"两方面来提供写好该部分内容的具体策略与方法，尽可能地提供范例；③指出一篇好论文该部分内容应有的样子以及检查的标准。

第二讲 如何写摘要。第二讲的主要内容涉及论文摘要的功能、内容和结构等。摘要的主要功能是简明扼要地指出研究目标、研究内容、研究发现以及可能的贡献。要实现上述这些功能，可以将摘要写作分解为三个动作：概括、聚焦与论证，这三个动作所作用的对象就是假说以及相关的问题、理论及经验证据等。具体而言,摘要包括研究目标句、研究内容句、研究结论句及研究价值句四个句子,将四个句子贯穿起来的是假说及其检验,这是摘要写作的重点。此外,通过对示范论文中的摘要进行技术分解,总结了摘要写作中常用的句式、动词和中心词组等。

第三讲　如何写引言。引言是结合经验事实与已有研究,对自身研究内容、创新性及重要性的论证。从表达方式上看,引言是议论文。也就是说,引言绝不仅仅是介绍,更应是论证!其核心内容是在概括研究发现的基础上,论证自身研究的重要性及意义,主要是指创新及其理论价值与现实意义。引言包括六个部分:①研究背景(现实背景,包括事实、数据、新闻等);②文献述评(研究主线、脉络、分歧、不足及评价);③研究目标、内容及特点;④研究发现;⑤研究的价值与意义;⑥研究的内容安排。

第四讲　如何写文献综述。文献综述非常重要,它不仅为一项实证研究提供了研究问题和假说,而且还提供了研究设计和方法方面的支持。文献综述的主要功能有两个:一是提出并论证问题;二是提出假说。"分析什么"和"怎么分析"是做好文献综述的关键。文献综述中的这个"分析"动作可以被拆解为归纳、分类、比较、评价及验证等。如何才能写好文献综述呢?具体可以分三步:第一步是练好两个基本功——打表格和画文献结构图;第二步是对文献综述的结构进行布局,具体可以分节完成;第三步是针对每节的具体内容,进一步分类和分点来完成。

第五讲　如何写研究设计。研究设计不仅包括通常所讲的研究方法部分,还包括所瞄准的假说和假说检验的分析框架。就一项实证研究而言,研究设计具有指导性作用、论证性作用和工具性作用。研究设计包括以下三个部分:①"靶子",即待检验的假说；②"弓"，代表分析框架，表明研究是建立在一定的理论基础之上的；③"箭"，代表"计量模型""数据""变量选取""计量方法"和"相关检验"等。研究设计可分为两个阶段：一个是思考阶段，另一个是写作阶段。在前一个阶段，用分析框架图、研究设计图和研究技术路线图来"构思"研究设计；在后一个阶段，从分析框架、计量模型、数据和变量来清晰地表述研究设计的内容及其产生的结果。

第六讲　如何写实证分析。实证分析的功能是检验假说。实证分析包括诊断性检验、识别与推断、稳健性检验、解释与讨论等一系列动作。写清楚实证分析的前提是把实证分析做出来。依次应完成的工作是：①通过描述性分析与诊断性检验为检验假说做准备；②通过基准回归检验假说；③通过相关计量问题处理和稳健性检验保护假说；④通过进一步分析来讨论假说。这些动作相对应的作用对象是不同的数据结果，如描述性统计、计量估计结果等。当然，写作要时刻紧紧围绕检验假说展开。

第七讲　如何写结语。结语的功能是总结假说检验结果，并论证该研究的价值与意义。一般而言，结语包括五个部分：基本结论、理论价值、政策含义、研究局限和研究展望。一篇实证论文的结语部分至少要包括基本结论与理论价值两个部分，其余三个部分可根据作者实际需要自行选择，可有可无。写结语要练好以下基本功：概括、论证、比较及一般化。写结语不能仅仅依靠概括，论证、比较及一般化更为重要，因为后面这几个动作更有助于将假说检验与理论讨论有机联系起来。

最后，图1.4将一篇实证论文的组成部分与上面的六讲内容进行了关联比较。如图1.4所示，一篇实证论文从前到后包括12个部分：文章题目、作者名、摘要、关键词、引言、文献综述、研究设计、实证分析、结语、注释、附录和参考文献。可以从如何做和如何写来考虑写一篇实证研究论文。本书的第四讲、第五讲和第六讲侧重于如何做，而本书的第二讲、第三讲、第七讲侧重于如何写。需要说明的是，图 1.4 中左侧的虚线框是本书内容不涉及的部分。

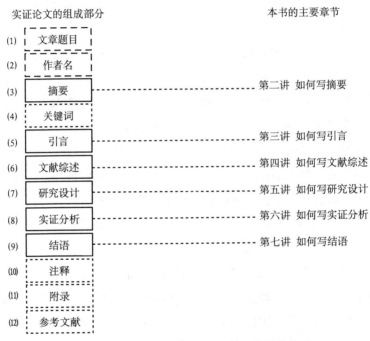

图 1.4　实证论文组成部分与本书六讲间的关系

（三）几点说明

学习经济学实证论文写作，除了去上课、研读经典、参加学术会议、进行学术讨论等，更要去"真刀实枪"地做研究。研究能力的试金石就是能不能写出像样的实证论文来。

行文至此，大家已经基本明晓，本书是从"功能—动作—对象"视角来透视、分解和讲授实证论文写作的。本书第一讲"实证论文写作：路在何方"和最后一讲"实证论文写作：路在脚下"的重点都是在阐述两个基本观点：一个是实证论文的目标，同时也是其本质，是假说证伪；另一个是实证论文通过采用与证伪有关的一系列动作，作用于相对应的具体对象来实现假说证伪这个目标。这两讲的区别就是，第一讲是绪论，提纲挈领地讲上述两个基本观点对其余六讲的统领和指导作用；而最后一讲是从集成和检验的角度来探讨实证论文及其各部分的动作与作用对象是否指向了最终目标。希望读者在读完第一讲后，至少能把"功能"与"动作分解"这两个概念印记在了脑海中，同时在研读论文和写论文时，能时不时地想到这两个概念。

　　接下来讲讲如何有效地使用本书中所介绍的内容。

1. 对好论文进行拆解是写好论文的开始

　　可以回忆一下自己小时候把家里的闹钟打开、拆解，零件散了一地的情形。我们平时看到的论文都是成品，在呈现最终成果时，研究者更在意突出论文的创新点、将论证逻辑表达清楚。至于这篇论文为何能够这么好，也就是作者的真实写作过程是什么，读者常常无法得知。论文拆解则是帮助初学者打开这个"认知黑箱"的有效路径。读者可以按照本书提供的"功能—动作—对象"这一框架对自己感兴趣的一篇论文（包括各个主要部分）进行拆解，从结果反推，争取进入该文作者的实战场景。必须坦诚地讲，本书所提供的这些认识和经验都是显性的。实际做研究、写论文时还会使用到很多与研究及写作有关的默会知识，这种知识就是人们常常所言的"窍门"或"诀窍"，它们都很隐蔽，唯有心、有毅力的人才能捕捉到。

现实中，确实有不少初学者知道各种不同的研究方法，甚至有基本的逻辑框架，但是他们对于方法的理解很可能不够深入，并不知道在实际的研究过程中如何贯彻上述方法。论文拆解可以有效解决这个问题。对此，本书主要做了两个工作：一个是在内容讲解过程中注重对范例论文的技术拆解；另一个是尽可能地提供有针对性的技术拆解训练题目，帮助初学者将所学付诸实践。

2. 论文是作者在"功能—动作—对象"框架里通过多个"总—分"的反复过程最终筛选出来的结晶

这个观点的意思是，论文是一个整体，其各个有机组成部分都是十分重要的。所谓"总"是指，作者需要从整体来考虑论文的目标及其实现，目标就是假说证伪，而其实现就是一系列动作及相应的作用对象。相应地，文中的各个组成部分，即所谓的"分"，也需要考虑与假说证伪有关的具体功能、动作与对象。

3. 写好论文需要干中学

一些人认为写好实证论文就是要掌握方法技术，如统计、计量经济及相关软件操作等。遗憾的是，多数人对于方法论的理解过于简单，这种理解表现为：第一，碎片化的理解，所谓碎片化，是指对方法论与研究目标、方法步骤之间的配合以及衔接考虑不够；第二，课堂式的理解，即只知道知识点，缺乏实战经验，最明显的是，看老师演示或看别人的论文的时候，觉得很"高大上"，但轮到自己上手做的时候，就举步维艰。对此，本书提倡干中学和参与式学习。干中学，是指什么不懂、不会，就应先学起来。而参与式学习，则是指自己搞不明白的时候，看看能不能先参与到老师的研究项目或写作计划中去，看看自己能否在其中做点力所能及的事情，这种参与可以说是近距离观摩其他研究者心路历程和操作技巧的好机会。若将干中学的态度落实到本书，我建议可以调整下阅读顺序，先读与"如何做"有关的第四讲、第五讲和第六讲，因为这是基础。千里之行，始于足下！要想写好论文，就必须脚踏实地地行动，唯有这样才能将困难逐个击破。

最后，为了更好地阐释清楚所要讲的内容，我将在下面六讲中举出一些例子，其中有的来自我自己参与的论文，还有的引用了其他学者的学术成果，在此，向这些论文的作者表示感谢。大家可以上网下载、提前阅读这些论文，具体信息如下：

程虹、陈川、李唐：《速度型盈利模式与质量型盈利模式——对企业经营绩效异质性的实证解释》，《南方经济》2016年第6期。

杜勇、张欢、陈建英：《金融化对实体企业未来主业发展的影响：促进还是抑制》，《中国工业经济》2017年第12期。

高闯、关鑫：《社会资本、网络连带与上市公司终极股东控制权——基于社会资本理论的分析框架》，《中国工业经济》2008年第9期。

黄祖辉、刘西川、程恩江：《中国农户的信贷需求：生产性抑或消费性——方法比较与实证分析》，《管理世界》2007年第3期。

黄祖辉、刘西川、程恩江：《贫困地区农户正规信贷市场低参与程度的经验解释》，《经济研究》2009年第4期。

刘西川、程恩江：《贫困地区农户的正规信贷约束：基于配给机制的经验考察》，《中国农村经济》2009年第6期。

刘西川、陈立辉、杨奇明：《成员主导型金融组织治理研究：一个文献综述》，《金融评论》2013年第6期。

刘西川、陈立辉、杨奇明：《农户正规信贷需求与利率：基于Tobit Ⅲ模型的经验考察》，《管理世界》2014年第3期。

刘西川、杨奇明、陈立辉：《农户信贷市场的正规部门与非正规部门：替代还是互补？》，《经济研究》2014年第11期。

刘西川、钟觅琦：《合作金融组织剩余控制权安排的另一种可能——分权型及半阁村实例》，《财贸经济》2018年第10期。

陆铭、陈钊：《城市化、城市倾向的经济政策与城乡收入差距》，《经济研究》2004年第6期。

吴敏、周黎安：《晋升激励与城市建设：公共品可视性的视角》，《经济研究》2018年第12期。

周其仁：《研究真实世界的经济学——科斯研究经济学的方法及其在中国的实践》，载于张曙光（主编）：《中国制度变迁的案例研究（第1集）》，上海人民出版社，1996年第1版。

思考与练习

1. 简述你对"实证论文"中"实证"二字的理解。
2. 对照平时思考和写作的过程，回想自己是否遵循了"提出假说—收集经验证据—验证假说"这一科学研究范式；如果没有做到，请列出缺失的环节及具体原因。
3. 挑选一篇实证论文，根据"功能—动作—对象"这一逻辑关系来阅读、学习和拆解，总结概括该论文的目标、证伪手段及假说的具体内容。
4. 挑选一篇实证论文，找出该文中的"旧认识""新认识"及相关经验证据，并画出这三者之间的内在逻辑关系。
5. 挑选一篇实证论文，定位并研读该文的文献综述、研究设计和实证分析三个主体部分，找出这三部分各自的功能、动作和对象。
6. 围绕一个自己感兴趣的研究主题，搜集至少五篇实证论文，按照"功能—动作—对象"的逻辑框架进行拆解、比较和评析。

第二讲 如何写摘要

内容提要：实证论文摘要写不好的原因可能是未搞清摘要是什么，或者对写好摘要的具体动作及其作用对象不熟悉。摘要的基本功能是概括文章的"全貌"并突出创新点，创新点是文章的精华。可以将摘要写作分解为三个动作：概括、聚焦与论证，这三个动作所作用的对象就是假说以及与之相关的问题、理论及经验证据等。具体而言，摘要包括研究目标句、研究内容句、研究结论句及研究价值句四个部分，而将四个句子贯穿起来的就是假说及对假说的检验，这是摘要写作的重点。

本讲提纲：
一、摘要写作常见问题
二、什么是摘要
  （一）摘要的定义、功能及特征
  （二）摘要的内容
  （三）摘要为何如此重要
三、摘要写作的三个步骤
  （一）第一步：找榜样
  （二）第二步：摒弃错误认识
  （三）第三步：技术动作拆解

四、好摘要的标准及检查完善
（一）好摘要的标准
（二）检查与完善
五、小结

一、摘要写作常见问题

虽然摘要看起来篇幅较小，通常就是四五百字①，但其重要性不容忽视。摘要是论文的门面，也可以说是论文的广告，一定要能吸引人。对初学者而言，看别人的摘要比较简单、容易，自己做起来却往往感觉很吃力。通过阅读一些学生写的论文摘要，我发现普遍存在以下三个问题。

第一，内容不完整。摘要一般应该包括研究背景、研究内容、研究思路和方法、研究结论以及政策建议等内容。具体而言，①比较常见的研究背景写不好的表现是研究背景繁杂冗长，甚至有些时候作者所交代的背景与文章主题关联不大。②研究内容方面存在的问题主要有两点：一是研究内容没有做到"名副其实"，常常用研究方法部分的内容来充数；二是研究内容不具体，往往采用"生搬硬套"的方式来行文。③研究思路和方法写得不好的表现是研究思路和方法与研究内容匹配不上，或者是交代不清楚，或者是将"论文结构安排"用文字重新表述了一遍。

---

① 不同期刊对摘要字数的要求限制是不同的，有的是200字以内，有的是300字以内。对于字数较少的摘要，我建议只要聚焦于研究目标和研究结论即可。不同期刊对政策建议的要求也是不同的，有的要求有，有的则不需要，应根据期刊要求来决定。

④研究结论的常见问题有两个：一是摘要只讲了研究背景、研究内容及研究方法，没有提及研究结论，这是写摘要的大忌，这样的摘要显然未能抓住论文最重要的东西；二是研究结论与论文所提出的假说"对接不上"。⑤政策建议写不好则经常表现为有些作者所谈及的政策建议或启示脱离了文章自身的内容，可能只是其领域所共有的、不具有针对性。

第二，内容缺乏个性。好的摘要应反映论文自身的个性，而不是自己的东西讲太少、别人的东西讲太多。具体表现在以下两个方面：①缺乏自己的内容，摘要所涉及的内容，如研究背景或研究意义等，大部分都是别人的（不客气地说，有的甚至是摘抄过来的），和自己的研究关系不大，典型表现就是引用不当。②研究思路或过程不具体，比较常见的问题是直接套用一些"术语"，如"核心""模型"和"理论基础"等，试图浑水摸鱼，而读者更期望看到的是"核心""模型"和"理论基础"的具体内容，这种模糊处理或套话，本质上仍是在借用别人的东西。

第三，内容概括性不够。概括性是指摘要应比较简洁，不宜展开具体讨论。概括性不够具体有四种情况：①研究背景过长，"热身"比较慢，讲了半天也没有说到主题上。②压根就没有概括，直接用文章目录代替，摘要成了目录的"翻版"。可以认为基本上没有动脑筋。③按一定比例对正文进行压缩或翻版，摘要成为缩小过比例的正文。可以认为这种摘要还是动了一点脑筋，毕竟做了压缩工作。④"揉在一起"，即将研究过程与研究发现揉在一起写，这样很容易重复，导致摘要冗长，因为每一个部分都要从前到后讲一遍。可以说，概括性不强反映出作者无法在几百字以内简洁明了地呈现论文的主要内容和创新点。

个人认为，摘要写不好的原因主要有三个方面：

首先，为什么内容不完整？因为没有搞清楚摘要应该包括哪些部分，每一个部分又应该包含哪些具体内容，从而导致总体交代不全面，该有的没有、不该有的却有了。

其次，为什么自己的东西少？最主要的问题是没有掌握明确、具体的实证研究方法。为什么要有方法？有了方法，自己的研究思路才能得到真正的落实，所写的内容才能更好地反映研究过程（前后各环节）与结果，也才能避免给他人留下一种都是抄来的或引用过来的印象。事实上，有了实证研究方法，并在研究过程中真正贯彻了方法，那么即使方法不够前沿或先进，但怎么说也能博得"没有功劳也有苦劳""有工作量"等正面的评价。反过来，如果没有实证研究方法，后果就有点严重——总会给人一种"东抄一点，西抄一点"的拼凑感觉，这也就是我们所说的没有自己东西的体现。

最后，为什么概括不起来？概括性不够和大家通常采用的写摘要的方法有关，通常写摘要的方法是按一定比例缩小论文正文部分内容。概括不够可能有两个原因：一是没有线索。线索的功能是保证内容的条理和层次。失去了线索，就容易导致摘要冗长，虽然作者说了很多，但感觉并没有说清楚，或者导致所概括的内容无法有机地组织起来，内容之间缺乏逻辑联系。二是没有抓住论文重点，导致概括不起来。需要说明的是，"收放自如"要经历多个回合的过程，并且建立在熟练的基础上。为什么初学者进入角色慢，原因就是目标不明确，还不知道到哪里去钓鱼、打井，所以只能到处磨蹭、晃悠。

把以上这三个方面的原因汇总一下,我们发现还是有必要先来搞清楚"什么是摘要"与"摘要的功能"是什么这两个基本问题,摘要写作的目标就是使摘要应有的功能发挥得更加充分。

二、什么是摘要

好摘要是获得读者良好的第一印象的关键。每一个作者应该都有把摘要写好的强烈动机,以期最大限度地吸引读者眼球。例如,写摘要的时候,要在心中装着期刊编辑、审稿人和普通读者:摘要的好坏之于期刊编辑,决定了是否送审;之于审稿人,决定了是否认可;之于普通读者,决定了是否会继续读下去。

(一)摘要的定义、功能及特征

1. 定义

摘要是对某项研究的研究背景、研究意义、研究目的、研究问题、研究内容、研究方法、研究思路及过程、研究发现及结论和相关政策建议的简要概括。

2. 功能

摘要是一种简洁地呈现研究并突出研究中最重要方面的工具。具体而言,摘要有两个基本功能:一是概括,即通过对论文主要内容的概括总结,让读者能够在较短的时间内对论文的研究内容与研究价值有一个总体性的认识,最核心的作用是介绍论文的主要内容和结论;二是突出,即要吸引眼球,尽可能地激发读者阅读全文的兴趣。

3. 特征

与论文的其他部分，如文献综述、实证分析等相比，摘要有三个特点：第一个是独立性，即摘要是独立成文，它可以被视为一篇小文章，既不是文章目录或研究思路的"重演"，也不是文章结论的简单复制。第二个是内容性，即摘要应有实质性的具体内容，不能讲套话和空话，并且这些内容应该与正文保持一致。第三个是新颖性，即摘要最好能体现论文的创新点，如新视角或新方法等，这是吸引读者继续读下去的关键。

（二）摘要的内容

为了实现上述两个基本功能，作者在撰写摘要时就应当考虑要传达什么、要论证什么。摘要应传达论文的主要内容及研究发现，要突出的是论文的创新点，虽然篇幅有限，但仍需要论证。因此，摘要的内容既要能反映论文的"全貌"，又要能浓缩论文的精华。

一篇论文的摘要应至少包括四个方面的内容，如图 2.1 所示。①研究目标，要让读者知道作者为什么要进行这项研究，并且要交代清楚问题和假说。②研究内容，要概括论文的研究设计，研究设计是检验假说的分析框架和具体分析策略，应该简洁地陈述这项研究的研究角度、思路和方法技术，这些内容与问题和假说的匹配性是初学者应该关注的重点。③研究结论，这是摘要里最重要的部分，读者看摘要，就是想了解这篇论文的研究发现，即作者要回答文章开头提出的问题并明确告知假说的检验情况。④研究价值，这部分内容主要帮助读者更清楚地了解这项研究及其发现的重要性，其中最需要论证的是所检验和可能接受的假说的理论价值及政策含义。

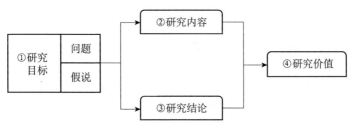

图 2.1　摘要四要素及其关系

由于字数上的限制，摘要不可能有太多的句子。我认为，标准的摘要应该有四句。具体而言，第一句是"研究目标句"，说明这篇文章做什么，目标是什么。第二句是"研究内容句"，说明这篇文章怎么做的，需要介绍研究过程和内容。第三句是"研究结论句"，说明研究发现，即要给出具体的研究结论。最后一句是"研究价值句"，阐述这些研究发现有什么意义。当然，这里所说的四句不是绝对的，可以根据实际情况加以调整。

摘要是对论文内容的概括，这四句话分别概括的是什么？这四句话其实各自对应论文的一部分，研究目标句对应引言和文献综述，与这篇论文要回答的问题及要检验的假说有关。研究内容句对应研究设计和实证分析，关系到检验假说的研究策略、分析框架以及经验证据等。研究结论句对应研究结果与研究结论，研究价值句是对研究结论在理论和政策上的价值进行提炼与阐发，它们都与结语有关。也就是说，摘要的每一句话都是正文某一个部分或某几个部分的总结。

由上所述，可以说摘要是对论文正文的"浓缩"，应该具备论文内容的灵魂，这个灵魂正是证伪假说。从这个角度来讲，摘要的内容仍然要聚焦于假说及其验证，具体就是要用四个句子将问题与假说、研究设计与实证分析以及相关结论的要点和逻辑联系讲清楚。

（三）摘要为何如此重要

除了上述所讲的两个基本功能，摘要在整个论文的写作过程中还有两个很重要的指导性作用：一是提纲作用，二是总结作用。

1. 提纲作用

在写作的最初阶段，摘要可以起到"提纲"的作用，对论文写作具有指导性。此时，论文还处于谋篇布局的阶段，有一个摘要就好比有一个提纲，可以把此时的摘要理解为"摘要式提纲"。与通常那种"目录式提纲"相比，摘要式提纲更加"精悍"，是"观点式"的，只不过此观点是待检验的假说而已，这样的提纲更能帮助作者从内容入手来安排组织论文结构和写作。

2. 总结作用

在论文初稿完成之后，摘要可以起到"总结"的作用，辅助作者检查论文。也就是说，作者这个时候写摘要，就要能将文章"拎得起来"，不能再将正文中的内容一五一十地简单罗列，而要概括性地讲最重要的内容，将最想传递给读者的内容呈现出来。此时，借助于写摘要，作者可以检查自己对论文的内容是否熟悉、对论文的思路和方法是否有信心，以及对论文的创新点是否有把握等。

换言之，摘要至少要写两次。第一次写摘要可以把它当作"提纲"来写，方向是明确目标、明确方法、明确假说，能够从"全局"高度对自己所做的工作做一个计划和部署。第二次写摘要要朝创新点的方向写，此时写摘要，既要熟悉自己的内容，还要能将内容提炼出来，收放自如。

综合以上的认识，我认为，一篇论文的摘要需要反复写、不停地修改，不同阶段的摘要有不同的作用，写出不同"类型"的摘要也是一种写作能力的体现。

三、摘要写作的三个步骤

（一）第一步：找榜样

论文摘要写作能力的提高是一个研读、揣摩和模仿的过程。有必要围绕某个主题搜集一批论文（如10篇）进行研读，专攻其摘要。国内期刊推荐《经济研究》《管理世界》和《中国工业经济》，这些期刊中的论文已经很规范了。具体研读可以按照以下思路进行：首先，读完一篇论文后可以谈谈自己的学习体会（这些论文的摘要对自己写摘要、写论文有什么启示）；其次，对这些论文的摘要进行评价，分析哪些地方好、哪些地方不好，以及为什么会出现这些情况；最后，总结好的论文摘要究竟是什么样子、不好的又是什么样子。上述对摘要阅读的总结有助于初学者在写摘要时向好的榜样学习、靠近，尽量避免"滑入"不好的"典型"之列。

在这个过程中，需要仔细揣摩、品味一篇论文摘要里的四类重要句型：①研究目标句（研究目标、研究问题）；②研究内容句（强调研究框架、设计、方法和步骤）；③研究结论句（研究结果是否验证了假说）；④研究价值句。这四类句子各有侧重：第一类句子的语态是"将来时"，经常使用的动词有"试图"

"将"等。第二类句子的语态是"进行时",句型一般是"在什么框架下,基于什么理论,借助或使用什么方法或数据,考察、估计或评价什么"等。第三类句子的语态是"完成时",强调研究结果。第四类句子重在论证,强调的是假说的理论价值及政策含义。

训练科目

为了帮助大家更好地体会和揣摩摘要内容及其写法,我设计了一个表格,参见表2.1。读者可以在自己感兴趣的研究领域选择一支文献进行有针对性的练习。如表2.1所示,可以试着找3篇文献,分别找出这3篇文献摘要里的研究目标句、研究内容句、研究结论句和研究价值句,将相应的内容填到表里。

表 2.1 从文献来看论文摘要的四种句型

摘要	研究目标句	研究内容句	研究结论句	研究价值句
(1)				
(2)				
(3)				

对上述四类句型的比较,将有助于在摘要里写清楚研究目标句、研究内容句、研究结论句和研究价值句,因为这个时候已能把握住四者的关键以及相互之间的区别了。

写好摘要最好的办法就是模仿,也可以称为"临摹"。具体方法是:挑选重要期刊上自己感兴趣的论文,读完文章后将自己换位为"作者",尝试对所读论文的内容写一个摘要,再将自己写的摘要和作者的摘要进行比较,反复练习之后就能慢慢领悟出写好摘要的经验。

(二)第二步:摒弃错误认识

第一种错误认识是,论文摘要可以借鉴甚至直接套用一些论文摘要的格式,最明显的表现是保留一些特定术语,如研究目的、研究思路等。

第二种错误认识是,论文摘要其实就是论文的"骨架",只需要将论文的目录或章节再讲一遍。但其实摘要是在较小篇幅内将一篇论文最精髓、最耀眼的部分呈现出来,对目录进行"翻版"显然实现不了这个目的。

第三种错误认识是,论文摘要可以"狐假虎威",也就是大讲特讲现实背景及研究意义,但讲来讲去还是讲别人的,根本不涉及自己的论文。

第四种错误认识是,论文摘要主要是讲思路和方法,而不需要讲研究结论。

第五种错误认识是,论文摘要主要是讲论文的分析结果(切记:不要将统计、计量结果再讲一遍),却看不到论文结论的影子。

(三)第三步:技术动作拆解

1. 写摘要的动作及对象

摘要之所以应独立成文,是因为它以假说为核心,简洁明了地交代清楚了这篇论文的研究目标、研究内容、研究结论及研究价值。其中,研究目标要阐明所检验的假说是什么,检验这个假说能取得怎样的认识推进。研究内容一方面要交代检验假说的分析框架与分析策略，另一方面还要交代实证分析的具体内容。研究结论应当明确交代假说检验结果。研究价值是对研究结论的进一步提炼与挖掘。

为了实现摘要的功能，可以将摘要写作分解成三个动作：①概括，即概括该研究的目标、内容、结论及价值。②聚焦，即聚焦于该研究的假说检验，这是论文的核心；换言之，没有了这个核心，文章的主要内容就很难概括起来，聚焦要求摘要的每一部分内容都能和假说检验关联起来。③论证，即突出这项研究的创新点，包括研究角度、方法技术等方面。表 2.2 总结了与写摘要有关的动作及其作用对象等。

表 2.2 写摘要的动作、对象与功能

动作	对象	功能
概 括	研究目标、研究内容、研究结论、研究价值	提供文章内容全貌
聚 焦	假说及其检验	强调文章的重点
论 证	创新点	突出价值

同时，还可以从作用对象的角度来考虑写摘要。一系列动作都和假说及其相关内容（如问题、理论基础和经验证据等）有关。我认为，摘要写作有三个难点：难点一是要明确问题/假说是什么。难点二是要交代清楚假说的"两面"，一面是理论逻辑，另一面是对应的经验证据。难点三是要明确创新点，即验证的假说对于推进"认识分歧点"或"认识空白点"的价值是什么。

明确、清楚动作及作用对象之后，还要时刻想到动作及作用对象是否有助于实现摘要的功能。

2. 按四个句子来写摘要

研究目标句与研究目的有关，它应该包括三个要件：①研究所运用或利用的条件和手段；②"瞄准"研究目的所使用的一个或几个动词，如"检验""考察"等；③所关注的一个或几个研究问题，这一要件是研究目标句中最不可或缺的部分。研究目标句经常使用的动词包括描述、衡量、分析、构建、解释、揭示、设计与评价等。应该用一句话讲清楚研究目的，而不能是一句套话。

研究内容句与研究内容有关，具体是指研究思路及方法。写该句的时候可以分步走，瞄准研究目的，说清楚这几步是什么关系，并说明所使用的研究方法。研究内容句的常规句式是"使用……方法对……进行实证分析"。

研究结论句与研究发现或结论有关，但研究结论句不是将估计结果重新照抄一遍，它需要对研究目标句提出的问题进行正面回应，要明确，一是一、二是二地说清楚。

研究价值句与政策建议有关。政策建议需要在研究结论的基础上提出，但结论都是有前提的，因此提出政策建议时需要注意理论的适用范围。

实际操作中，建议根据上述四个句子来谋划和构思摘要，最好能先通读全文，划出每部分（如文献综述、研究设计、实证分析）最重要的句子，用这些句子作为提纲或素材来撰写摘要。

此外，还需要注意以下三点：第一，最好将研究过程与研究发现分开来写，不要揉在一起，即先写研究过程、后写研究发现。这样操作的好处是可以避免重复。当有多个研究过程或研究发现时，一个研究过程对应一个研究发现，句子冗长暂且不论，有些内容难免就会出现重复。第二，政策建议不宜太长，最好一句话说完，但要说得具体、有针对性，是严格基于该文的研究结论思考所得，而不是一句套话。第三，论文题目通常与摘要放在一起阅读，因此不宜在摘要第一句中重复陈述题目。第四，摘要应与文章其他内容有所"呼应",例如,摘要里应出现关键词,摘要里的内容要能与文章节标题之间有关联。

【示例1】 刘西川、杨奇明、陈立辉:《农户信贷市场的正规部门与非正规部门:替代还是互补?》,《经济研究》2014年第11期。

摘要

基于2013年浙江省987户农户调查数据,本文采用四元Probit模型在同时控制住农户信贷需求及另一个部门信贷供给影响的基础上,实证考察农户信贷市场中正规与非正规部门之间的关系。研究发现:①正规部门与非正规部门存在互补关系,且这种关系在贷款对象为富裕群体时更加明显。②互补关系具体体现在农户同时参与正规与非正规两个信贷部门,两个部门同时提供生产性贷款与消费性贷款以及共同支持某一借款者。③两个部门实现互补的内在原因是它们各具比较优势,且能够策略性地利用对方行为所反映出的信息来制定贷款决策。上述发现为认识农户信贷市场部门之间的关系,并在此基础上设计、完善相关农村信贷政策提供了新的思路和经验证据。

【示例2】 刘西川、陈立辉、杨奇明:《农户正规信贷需求与利率:基于Tobit III 模型的经验考察》,《管理世界》2014年第3期。

摘要

在利率市场化步伐加快的背景下,本文采用2013年浙江省实地调研数据，实证考察发达地区农户正规信贷需求及其对利率的弹性。与已有研究相比，本文运用意愿调查和 Tobit Ⅲ 模型等方法更全面地处理了此类研究固有的数据截尾、样本选择偏差和利率内生性三类计量问题，并提出了处理多笔贷款与利率弹性异质性问题的新思路。研究发现：①利率显著影响农户正规信贷需求，低收入群体信贷需求对利率也是敏感的；②正规金融机构并未对不同特征农户采取差异化定价策略；③中等及以上收入水平农户正规信贷需求较高，而富裕农户获得正规贷款的机会更多；④农户正规信贷需求非农化与大额化倾向明显。中国农村信贷市场正处在一个关键的转型期，本文所揭示的当前经济发达地区农户正规信贷需求与金融机构定价的一些新特征将为推进农村金融市场化改革以及调整、完善农村信贷政策提供参考依据。

表 2.3 对两篇示例论文摘要中的研究目标句、研究内容句、研究结论句及研究价值句进行了摘录和对比。

表 2.3 对两篇示例论文摘要的比较分析

	示例 1	示例 2
研究目标句	基于 2013 年浙江省 987 户农户调查数据，本文采用四元 Probit 模型在同时控制住农户信贷需求及另一个部门信贷供给影响的基础上，实证考察农户信贷市场中正规与非正规部门之间的关系。	在利率市场化步伐加快的背景下，本文采用 2013 年浙江省实地调研数据，实证考察发达地区农户正规信贷需求及其对利率的弹性。
研究内容句		与已有研究相比，本文运用意愿调查和 Tobit Ⅲ 模型等方法更全面地处理了此类研究固有的数据截尾、样本选择偏差和利率内生性三类计量问题，并提出了处理多笔贷款与利率弹性异质性问题的新思路。

(续表)

	示例 1	示例 2
研究结论句	研究发现：①正规部门与非正规部门存在互补关系，且这种关系在贷款对象为富裕群体时更加明显。②互补关系具体体现在农户同时参与正规与非正规两个信贷部门，两个部门同时提供生产性贷款与消费性贷款以及共同支持某一借款者。③两个部门实现互补的内在原因是它们各具比较优势，且能够策略性地利用对方行为所反映出的信息来制定贷款决策。	研究发现：①利率显著影响农户正规信贷需求，低收入群体信贷需求对利率也是敏感的；②正规金融机构并未对不同特征农户采取差异化定价策略；③中等及以上收入水平农户正规信贷需求较高，而富裕农户获得正规贷款的机会更多；④农户正规信贷需求非农化与大额化倾向明显。
研究价值句	上述发现为认识农户信贷市场部门之间的关系，并在此基础上设计、完善相关农村信贷政策提供了新的思路和经验证据。	中国农村信贷市场正处在一个关键的转型期，本文所揭示的当前经济发达地区农户正规信贷需求与金融机构定价的一些新特征将为推进农村金融市场化改革以及调整、完善农村信贷政策提供参考依据。

四、好摘要的标准及检查完善

（一）好摘要的标准

1. 好摘要做到了内容充实

好摘要为读者提供了"干货"，即言之有物，这就要求作者有自己的想法，而非人云亦云。具体而言，一要有科学的问题，二要有合理的方法，三要有明确的结论与建议。而要做到有干货,那只有一条路,就是"日积月累",初学者从现在起就要多读、多看、多想、多记笔记、多写。

2. 好摘要符合规范

符合规范即是符合大家通常都认同的"格式",要向好论文及其"格式"学习,并不断揣摩与品味。

3. 好摘要是贴切的

所谓贴切,就是把话说对地方,具体有两层含义:一层含义是研究目标句、研究内容句、研究结论句及研究价值句尽管有时重叠,但各有侧重。这一层含义主要针对的是摘要里的句子及它们之间的关系,貌似同样的内容却需要用不同的话来讲等。另一层含义是,对于同样的内容,如研究目标、研究内容、研究结论及研究价值,要有区别地思考在正文里如何说、在摘要里如何说。也就是说,所站的"高度"或"位置"不同,需要的表达方式也应不同。这一层含义主要针对的是摘要里的句子与正文里相关句子之间的关系。这里所说的"贴切",在某种程度上只有自己做了,才能切身感受到!

(二)检查与完善

一般而言,摘要写不好,不是应该概括的内容没有概括起来,就是字数上把握不好,要么太多、要么太少。要针对以下方面来寻找写不好摘要的原因,进而寻找突破和改进。

1. 内容的连贯性

要检查句与句之间是否顺畅,尤其是要推敲"目标——内容——结论——价值"这一逻辑链条。初学者,一定要多改!

2. 具体的"度"的把握

为什么"度"不好把握?就是因为比较难把话说对地方,

该具体的不具体，而不该具体的反而具体。帮助我们把握"度"的两个大方向是：一要围绕目的、中心和重点来安排组织内容，是否要具体以及具体到什么程度也要以目的、中心和重点来"决断"，而论文的目的、中心和重点就是假说检验；二是要注意内容之间的平衡，不要出现参差不齐、头重脚轻等问题，即最好不要出现有的句子过长、有的句子过短等情况。

3. 概括性

摘要概括不起来往往是因为没有明确中心点、重点和亮点，其实这三个点是统一的，都聚焦于假说。围绕其中一个点来写摘要，可以避免由于面面俱到而没有中心点的问题。

4. 背景的长度是否恰当

背景写太多实际上就是作者还没搞清楚自己的目的与重点，从而导致背景信息过于冗长。建议按照与研究目标是否紧密来选取背景内容，避免过多引用别人的东西。

5. 避免套用

要明确我们研究的是"普遍规律""一般规律"和"因果关系"，而不是"例子"，为了避免复制和"套"，要努力用自己的话把论文主要内容先总结出来，写自己的具体东西才是关键，然后再考虑如何精简。

大家还可以从以下五个方面检查自己所写的摘要：①检查摘要是否与正文内容一致，避免不一致这种情况的发生。②检查摘要是不是自己的话，不要把别人的观点放在自己的摘要里充数，更忌讳在摘要中大幅引用别人的观点。③检查摘要是否完整、相互兼容（各部分）。④检查摘要中的研究发现与所提出的研究目标是否一致。⑤为了在较小篇幅里保持流畅，应尽量避免在摘要内使用未定义的缩写语或首字母缩写。此外，为了让摘要的内容更加清楚、简洁和突出,可以邀请自己身边的老师、同学来读一下,看看摘要是否能概括文章的主要内容,是否有吸引力。

五、小结

摘要是对论文主要内容的概括。摘要可独立成文,可视为一篇小文章。

摘要一般包括四个句子:第一个句子瞄准的是研究目标,要交代清楚问题与所检验的假说;第二个句子对应的是研究内容,主要阐述研究思路与方法;第三个句子对应的是研究结论,建议分点来写;第四个句子对应的是研究价值,包括理论价值和政策含义等。

摘要应能反映论文的全貌。这就需要先完成论文初稿,然后根据全文来修改、完善摘要。也就是说,最后定稿的摘要不应是起初就写好或者中途着急写出来未经过修改和完善的初稿。通常可以等到论文写作基本完毕以后,对先前写的摘要逐字逐句进行修改。

摘要应呈现论文的创新点。摘要要能吸引读者的眼球,吸引眼球靠的就是论文的创新点,这就需要在摘要中明确交代论文的创新点。

摘要写作的重点是假说检验。针对假说检验,要明确交代三点:第一,所检验的假说是什么;第二,检验的方法是什么;第三,检验的结果是什么。

摘要应具有整体性并能层层递进。检查整体性的标准是:第一句和最后一句是否与这篇论文直接相关(经常见到论文摘要的首句与末句谈的都是这一领域的背景或意义）。如果这两句能做到与研究目的相关，就会发现摘要很大程度上是一个"整体"，读者就能"顺理成章"、很自然地理解研究目的、研究方法和研究过程了。

摘要应具体且充实。摘要一定要具体，而不是用一些套话、空话来拼凑——仔细考量每一个中心词是否交代清楚，也可以将自己换位成读者，看自己是否能理解。

摘要应做到前后一致。这里的一致表现在两个层面，第一个层面是指研究问题与研究方法的一致，方法的匹配性直接关系到研究结论的可靠性；第二个层面是指研究结论与研究目标的一致，不要答非所问。

思考与练习

1. 挑选两篇实证论文，研读和揣摩论文摘要中的科学问题、假说、经验证据、理论价值与政策意义，并比较这两篇论文摘要在这些方面的差异。

2. 挑选三五篇同一研究主题的实证论文，找出论文摘要中的研究目标句、研究内容句、研究结论句及研究价值句，并总结出这些句子中经常使用的动词有哪些。

3. 以你正在撰写的一篇实证论文为例，用一句话（不超过30个字）概括你最想表达的观点，然后围绕该观点用分别写出研究目标句、研究内容句、研究结论句及研究价值句的方法来完成摘要写作。

第三讲　如何写引言

内容提要：引言与摘要类似，都可以独立成文。从表达方式来看，引言是议论文。引言是结合经验事实与已有研究，对自身研究的内容、创新及重要性给出论证，也就是说，它绝不仅仅是介绍，更应是论证。引言所使用的动作主要有概括、比较和论证，其中概括和比较都是为论证而服务的。引言需要论证的对象是问题、假说、研究设计、研究发现及其价值，核心内容是结合已有研究及自己的研究发现论证自身研究的重要性、创新性及可行性，论证的重点是方法创新、理论价值与现实意义。引言包括六个部分：研究背景（科学问题），文献述评（差距或分歧），研究目标、内容及特点，研究发现，研究价值与意义，以及内容安排。

本讲提纲：
一、引言写作常见问题
二、什么是引言
　　（一）定义
　　（二）功能、动作与对象
　　（三）特征
三、引言的内容与结构
　　（一）内容

（二）结构
　　（三）检查要点
　　（四）注意事项
四、示例
　　（一）示例内容
　　（二）对示例的剖析
五、小结

一、引言写作常见问题

　　第一，缺乏论证。这里的论证主要包括两个层面：第一个层面是对本研究自身内容逻辑的论证；第二个层面是对本研究相对于已有研究的边际贡献的论证。第二个层面是引言部分论证的关键，也是难点。因为一项研究价值的核心就是创新及其重要性，所以第二个层面的论证是引言最重要的目标。顺带提及的是，有的论文引言尽管对创新也有论证，但论证采用的思路是：别人没有，我有。显然，这种论证思路既缺乏深入、具体的阐述，也没有对同类研究进行细致比较，且挖掘不够。

　　第二，进入主题太慢。换言之，就是研究背景讲得太多，有的占据了引言的绝大部分内容，甚至这些内容与该研究的关联性并不大。

　　第三，研究问题不明确。有的时候，作者在引言部分甚至都提不出一个要回答的科学问题，还有很多时候所提出来的不是研究问题（question），而是研究议题（issue）。研究问题与研究议题的差别在于，前者反映的是理论认识与事物现状之间的差距或者是认识上的分歧，而后者关注的是与事物有关的认知领域或范围。就引言部分的研究问题而言，需要关注三个方面：第一，文中所提出的研究问题是否具有一般文献中研究问题所拥有的"格式"，即研究问题最好不是自己独创的，而是要符合学术同行所认可的规范和要求；第二，文中所提出的研究问题是否有相对应的理论基础；第三，针对文中所提出的研究问题，是否有具体方法来展开分析和验证。通常来说，如果研究问题无法明确，那么指望研究目标明确，基本上是不可能的。

第四，理论价值或政策意义缺乏针对性。有些论文的引言并未针对自身研究，而是针对某一领域展开，泛泛而谈，甚至有些是胡乱引用、东拼西凑。切记，文章的价值与重要性要围绕自身研究展开！

第五，不够精练。在一个篇幅较小的引言部分完成几个层面的论证确实不是一件容易的事情，尤其是要保证段与段之间、句与句之间的联系有逻辑性。引言不够精练的表现就是臃肿和松散——重点不突出、缺少线索。究其原因，很多情况下是作者未能把握和贯彻引言的论证功能。

第六，试图用"复制粘贴"蒙混过关。常见的问题是，在引言中重复使用几个干瘪的翻版句式，然后就得出该文具有重要的理论价值与现实意义的结论。显然，这种"复制粘贴"的做法同样无法实现引言论证的功能。

引言写不好，很重要的一个原因是没有搞清楚引言于一篇实证论文的作用。引言最紧要的功能就是在将这篇论文的来龙去脉交代清楚的基础上，论证假说及假说的价值。抓不住论证假说及其价值这个核心和关键，引言就会写得零散、冗长甚至文不对题。同时，如果没有相关的动作及其作用对象，引言同样也写不好，它们是引言必不可少的内容。多看一些写得好的引言，可以进一步体会到引言既要能讲清楚研究问题、研究思路和研究发现，还要能讲清楚这项研究的理论价值与实践意义。

二、什么是引言

（一）定义

引言，也叫导言、导论、绪论等。引言与摘要类似，也可以独立成文，但篇幅远大于摘要。可以从内容、形式和表达方式三个方面来回答"什么是引言"这个问题。

第一，从内容来看，引言的核心是论证此项研究的重要性及意义，主要是指创新及理论价值与现实意义。

第二，从形式来看，引言包括以下六部分：第一部分是研究背景（现实背景和科学问题，包括事实、数据、新闻等）；第二部分是文献述评（主线、脉络、分歧、不足及评价）；第三部分是研究目标、内容及特点；第四部分是研究发现；第五部分是研究价值与意义；第六部分是研究的内容安排。

第三，从表达方式来看，引言是议论文，即需要结合已有研究及自己的研究发现，论证此项研究的重要性、创新性及可行性。

如果一定要给引言下一个定义，我的观点是：引言是结合经验事实与已有研究，对自身研究的内容、创新性及重要性的论证。由此来看，引言绝不仅是介绍，更是论证。介绍与论证的区别是，介绍是指将文中主要内容，如研究目标、研究思路与方法以及研究结论等一五一十地列示出来；而论证则是指，按照一定的逻辑方式，运用相关证据来支持某个论点。

（二）功能、动作与对象

引言是对该项研究的重要性、创新性及价值的论证，其中排在首位的应是重要性，这就与摘要的功能——对该项研究的概括和论证——是一致的。论证什么以及如何论证成为引言写作的关键。

如图 3.1 所示，引言的三个元素，即功能、动作与对象是紧密相关的。引言的功能就是要实现或体现其目标。一篇论文中，引言要实现的目标有三个：提出问题/假说、检验假说、论证假说。为了实现这三个目标，作者在引言里能使用的主要素材来自正文的三个部分：文献综述、研究设计和实证分析。具体而言，文献综述的任务就是提出问题和假说，这个"提出"是建立在分类、比较、验证等诸多环节之上的；研究设计和实证分析则是为了检验假说；而这里所谓的论证假说，则是指针对问题，运用理论、研究方法及经验证据等论证假说的合理性、创新性及理论价值。

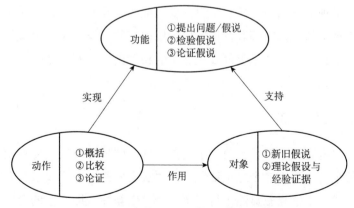

图 3.1　引言的功能、动作及对象三元素

引言里的动作主要有三个：概括、比较和论证。①在引言中，需要概括的主要内容包括文献综述部分的问题与假说、研究设计部分的分析框架、研究策略以及实证分析部分的经验证据。概括的目的是为后续的比较与论证奠定内容基础。②比较至少有两个方面的含义。就问题的认识分歧点而言，比较的是原有认识与论文认识（以假说形式呈现）之间的联系与差异；就假说检验而言，比较的是假说内在逻辑与经验证据之间的联系与差异。比较是为论证假说的逻辑合理性和创新性服务的。③在引言中，论证的主要作用对象有两个：一个是理论假说与经验证据，这是研究设计和实证分析要完成的；另一个是新假说与旧假说，要在引言里讲清楚这二者之间的区别和联系，同时要阐释新假说的合理性和创新性。相对而言，提出和检验假说是正文三个部分（文献综述、研究设计和实证分析）要完成的任务，论证假说则是引言要完成的主要任务。论证假说的终极目标是推进理论认识，具体目标有以下三个：第一，要论证问题和假说的重要性及准确性，即所揭示的认识分歧点是否有道理；第二，要论证研究设计的合理性，即研究框架与分析策略是否匹配和有效，这是支持结论和发现的方法论基础；第三，要论证假说及其价值，这是围绕推进理论认识来提炼和挖掘所检验假说的价值及意义。要实现上述三个具体目标，不仅需要正文中的相关内容，而且还需要有关研究文献。

（三）特征

引言有三个特征：第一个是独立性，即独立成文，可被视为一篇小文章。第二个是论证性，即写法上要论证而不仅仅是介绍和叙述，平铺直叙显然不行。第三个是创新性，即文章的选题立意要新颖，文章所提出的理论与实践之间的差距或认识分歧最好给人耳目一新的感觉。

三、引言的内容与结构

引言是论文中相对独立的部分,可以按一篇小文章来写。引言写得好,不仅能够起到概括全文的作用,而且还能发挥引人入胜的功效。好的引言,读者读完后就能大致了解这篇论文的内容、创新点及价值,并有继续阅读下去的好奇心和愿望。因此,引言绝不能仅仅按照一篇论文的开头部分来写,而应有全局的视野!

(一)内容

一般而言,可以用"六段论"来概括引言的写法。当然,有的时候,如果某个部分包含的内容比较多,用一个自然段难以讲清楚,也可以考虑用两段、三段或更多小段来操作。表3.1对引言六部分内容的动作、对象及功能进行了总结。

表3.1 引言六部分内容的动作、对象及功能

内容	动作	对象	功能
研究背景	描述	事实、数据、新闻等	铺垫问题
文献述评	分类、比较与验证	理论与实践之间的差距	提出问题
研究目标、内容及特点	概括与总结	研究目标、内容、特点	报告内容
研究发现	总结	研究结果	结论总结
研究价值与意义	提炼与挖掘	问题、理论和现实场景	论证价值
内容安排	描述	正文各节内容	展示结构

1. 第一段是研究背景

在这一段，作者需要依次交代：现实背景——现实世界中的变化、冲突或矛盾——引向所研究领域中的问题。

2. 第二段是文献述评

文献述评是针对所提出的问题，回顾一下已有相关研究以及目前的研究现状，可以分层或分点来写，但要紧紧围绕研究问题展开，具体展开可按时间顺序或正反观点来写。同时，需要指出已有研究存在的不足以及可能取得突破的方向，可以按点来写，尽可能与论文的创新点对应起来。一定要注意：其一，引言里文献述评的写法与下一章介绍的"文献综述"不同，前者更多地是为了凸显这篇论文的贡献和价值；其二，文献述评里要有评价，评价应有针对性，要写出别人没有做到、而下文中自己的研究能做到的。

3. 第三段是研究目标、内容及特点

在这一段中，针对所提出的问题，作者要阐述论文的研究目标、研究内容以及研究特点等。具体可以分三层来写：第一层写目标，第二层写内容，第三层写特点。这三层都需要围绕创新点来写，创新点集中体现在假说上。其中，目标要明确；而内容一定要具体，可以考虑分条来写；关于特点，要写出这篇论文与别人不一样的地方。切记：目标和特点不能"横空出世"，一定要与上面的文献述评紧密联系，注意前后呼应。

4. 第四段是研究发现

针对所提出的问题和研究目标，这里要结合具体分析给出正面回答，其中特别要交代检验假说的结果。研究发现可以分点来写，最重要的写在前面。

5. 第五段是研究价值与意义

作者需要在研究发现的基础上，阐述其研究的价值与意义，针对可能取得的创新，论证该研究所取得的发现及其价值与意义。

6. 第六段是内容安排

这里的内容安排不是将全文的目录或小标题重新罗列一遍，而是要写出设计与计划的味道，有研究设计或分析策略的感觉，让人觉得这是你的部署，而不是你安装的指路牌！

（二）结构

1. 结构首先体现在行文顺序上

引言需要在结构设计上恰当安排上述六段内容，图 3.2 直观呈现了"问题—已有研究—本研究"三者的关系。引言主要由三大部分构成：第一部分提出问题；第二部分评述针对该问题所进行的研究；第三部分论述本研究的目标、思路、内容及可能创新点等。其中，第一部分就是上面提及的研究背景；第二部分是文献述评；第三部分则包括研究目标、内容及特点，研究发现，以及研究价值和意义。第六段内容安排相对独立。

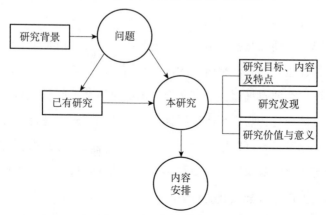

图 3.2　"问题—已有研究—本研究"三者关系

2. 结构还体现在段与段的衔接上

其中,有两个地方需要特别注意相互呼应。第一个地方是引言里研究背景段的最后一句,这一句要切题,并且要和第二段文献述评里的问题相联系;相应地,文献述评段的首句要和前一段的最后一句相呼应。第二个地方是文献述评段的最后一句,要点出未来可能的突破方向;而第三段研究目标那一段的第一句就要和这个"突破"关联起来。

3. 好的结构是为论证服务的

结构上还要把握住论证这个基本逻辑。引言中最能体现论证逻辑的一个段落是文献述评,本研究的视角、思路和方法等要能够和已有研究形成对比,凸显创新性。另一个段落是研究价值与意义,该段要结合文献述评和研究内容,基于研究发现或结论展开。

(三)检查要点

根据上文罗列的引言应包括的内容,可以从以下五个要点入手对所写的引言进行检查:

第一个要点是检查引言是否把基本事实交代清楚了。这是最基本的,也是展开经验研究的背景与原因。

第二个要点是检查引言是否提出或讲清楚了所研究的科学问题。具体而言,需要关注该问题是否有理论基础,是否符合假说格式,以及是否可以用科学方法研究等。同时,尝试用一句话来概括所要研究的问题,并预判一下:若该问题得到解决,则能否在理论上推进对某领域的认识。

第三个要点是,检查引言是否有力论证了该研究的价值。在这里，研究的价值与重要性、创新性等同，而论证体现在理论研究与经验事实的关系上、该研究自身与已有研究的区别和联系上，以及该研究自身的逻辑自洽性上，等等。

第四个要点是，检查引言在行文上是否做到了逻辑顺畅。明确每一段的目的，并考察每一句是否都围绕该目的展开。

第五个要点是，检查引言在内容上是否重复，即要确保引言中每一句都是独一无二的、都是有用的。

（四）注意事项

1. 引言应用论证的写法来写

很多时候，初学者都以为引言只是一个"引子"，用以介绍这篇论文的相关情况，其实这是一个误区。我在这里要特别强调，引言的写法是论证：首先，要论证所研究问题的必要性与重要性。其次，要论证这篇论文的内容、思路及方法的创新性，其中要以已有研究为参照进行比较。再次，要论证这篇论文结论的价值与意义，可从理论与政策两个方面展开。当然，这里仍然要结合已有文献。从表现形式来看，论证主要有两条路径：一条路径是阐明研究本身的逻辑自洽性，包括经验逻辑；另一条路径是比较自己的研究与已有的研究。因此，引言不仅是在为读者交代研究背景及有关情况，更是要论证，去说服读者接受、认同这篇论文的结论及创新。

2. 引言的牛鼻子或线索是"问题"

引言要出彩，关键在于要将"问题"靶子立好，这样才能使得对创新的论证有一个靶心，所有的内容都围绕"问题"这个靶心展开。此外，还要将文献基础打好，这有利于将论文的创新置于一个可比较的框架中，从而可以货比三家。很多时候，初学者都将精力和篇幅花在了背景和现实问题上，而忽视了文献基础的确立，从而导致对创新的论证缺乏说服力。

3. 引言要兼顾理论与实证

在引言部分，作者还需要将"问题—理论—方法"统一起来考虑，很多实证研究往往将重点集中在问题与方法上，而忽视了理论，不仅导致整个研究内容很散、缺乏重心，而且还容易导致整个实证研究停留在影响因素分析或描述性分析的层次上。

4. 引言要做到有的放矢，这个"的"就是研究目的

引言部分的写作要有全局观，而把握全局的关键就是明确研究目的。在引言部分，特别是第一段就要明确论文的研究目的。我个人喜欢开门见山，直奔主题。目的不明确很容易导致论文内容散乱、缺乏可读性。所谓全局观，就是要在题目及各级标题中体现出作者为实现其研究目的而做的安排和步骤。同时，全局观还要求内容完整，即必须要在总结研究发现时对研究目的或研究问题给予正面的回答。

四、示例

根据上述对引言内容和结构的阐述，以下结合一个具体例子来做进一步的剖析。我们的剖析思路是将该示例中的引言内容拆解为三个部分：研究背景与问题、文献述评以及本项研究简介（包括目标、思路、特点、发现、意义及结构）。在剖析过程中，我们重点关注：①这三部分各自的功能是什么？每一部分对于实现引言目的的具体作用是什么？②这三部分分别由哪些段落与语句构成？③这三部分之间是什么关系？是如何连接起来的？

（一）示例内容

【示例】刘西川、陈立辉、杨奇明：《农户正规信贷需求与利率：基于 Tobit Ⅲ 模型的经验考察》，《管理世界》2014年第3期。

引言

（第1段）随着我国农业产业化与规模化以及农村工业化战略的推进，通过市场机制优化配置农村金融资源显得越来越重要。在市场有效配置资源过程中，利率应该起到基础性调节作用，实现资金流向和配置的不断优化（周小川，2012a）。从改革进程及政策走向来看，利率市场化已成为当前和未来我国农村金融市场化改革的既定方向（周小川，2011）。所谓利率市场化，是指政府逐步放松和取消对利率的直接管制，由市场中资金供求双方自主确定利率，以达到资金优化配置的目的。近十年来，中国人民银行逐步加快了农村金融利率市场化的改革进程，2003年允许农村信用社贷款利率可以上浮到基准利率的2倍，次年进一步将浮动上限扩大至基准利率的2.3倍。近期利率市场化改革更是迈出了划时代的一步，中国人民银行决定自2013年7月20日起全面放开金融机构贷款利率管制，取消贷款利率0.7倍的下限，对农村信用社贷款利率不再设立上限。

（第2段）利率的市场化在改善我国农村金融市场资源配置效率、促进农村经济转型与升级方面被寄予厚望。利率市场化意味着"放权",是一个由政府制定价格逐步过渡到由市场供需双方自由选择、相互作用,最终形成均衡价格(利率)的过程。它将对农户正规信贷需求与农村金融机构信贷供给产生深远影响,市场供需双方将在市场竞争形成的均衡价格的引导下优化其经营行为。而这正是改善农村金融市场效率、实现农村经济转型与升级的微观基础。通过研究利率浮动对农户借贷行为的影响,以及金融机构对利率变动的反应,是检验利率市场化政策实际效应的关键。

(第3段)围绕农户正规信贷供需及其与利率的关系这一重要课题,已有研究主要从以下三个方面展开讨论。

(第4段)第一方面研究的核心议题是农户正规信贷需求对利率是否有弹性。关于农户或农村中小企业对市场利率的敏感性,学术界主要有两种观点。一种观点认为,农户等对利率敏感且无力承受市场利率(Hulme & Mosely,1996)。另一种观点则认为,农户信贷需求对利率缺乏弹性,他们更关心贷款可得性(Morduch,2000)。国内研究的实证分析结果倾向于支持后一种观点(韩俊等,2007;钟春平等,2010)。

(第5段)第二方面研究的核心议题是贫困群体或低收入群体是否对利率敏感。微型金融革命理论认为,农户、小企业主尤其是他们中间贫困群体的信贷需求价格弹性较小,他们更关心信贷可获得性。早期研究与近期研究在这方面存在明显分歧。一些早期研究(Kochar,1997;Bell et al.,1997)指出,微小企业主对信贷的需求缺乏弹性,并认为这一判断也适合于贫困群体。但近期的两项实证研究(Dehejia et al.,2007;Karlan & Zinman,2008)却发现贫困群体信贷需求对利率更为敏感;一项针对中国农户的实证研究也支持这一结论,并进一步发现不同群体信贷需求对利率的反应不同（Turvey et al.，2012）。

（第6段）第三方面研究主要关注中国利率市场化改革，其核心议题是取消利率管制后农村金融机构的定价行为。2002年农村信用社改革试点的主要目的之一，就是希望利率浮动能让农村信用社获得一定程度的竞争优势。马九杰和吴本健（2012）认为，利率浮动政策对农村信贷供给的影响表现为，农村信用社可以通过提高利率，覆盖因交易成本过高而未服务到的群体，缓解农户信贷配给程度；另一方面，它也可以针对不同风险偏好的贷款对象采取利率差别定价策略。然而，事与愿违，在现实中，农村信用社似乎并未实施差别定价策略，而只是简单地将信贷价格一浮到顶，以赚取更高的垄断利润（周立和林荣华，2005）。更令人担忧的是，有些时候，农村信用社的贷款利率已经提高到了农村经济能够承受的上限（陈鹏和刘锡良，2009）。从这个角度来讲，利率市场化之后将面临一个重要问题，即在自主定价权扩大的情况下如何引导农村金融机构合理定价。

（第7段）从以上三个方面的研究及其进展来看，分析农户正规信贷需求、利率需求弹性以及利率定价等问题具有重要的理论价值与政策含义。国内这一领域目前的研究现状是：除少数研究（韩俊等，2007；钟春平等，2010）外，绝大部分研究在考察农户正规信贷需求时都没有考虑到利率这一重要因素；而且，即使是考虑了利率因素的少数研究，也仍面临着方法论方面的困扰，如无法合理解决利率内生性等难题。结合近期利率市场化改革实践以及下文的文献回顾，本文认为，已有研究在结论方面的矛盾甚至冲突很大程度上来自所使用的方法与数据的不同，而若要推进该领域研究，则必须在方法与样本数据上寻求突破：首先，需要运用科学严谨的研究方法。目前，大多数研究对一些重要计量问题——如样本选择偏差和利率内生性问题——并未给予足够的重视，而这些问题的存在将严重影响实证结果的可靠性，这一点在本文实证分析中也得到了印证。其次，合理选择样本地区与考察期。这方面的研究结论还受到所考察的样本地区与时间范围的影响。若是利用在经济发展水平低、信贷市场不够活跃的地区，或者考察期处于利率受到管制的历史阶段收集的数据，研究者就很可能得出农户正规信贷需求对利率反应不够敏感的结论。从这个角度来看，只有在利率发挥了其应有作用的地区或者时间期限，才能考察利率需求弹性命题。

（第8段）为此，本文试图在我国利率市场化改革快速推进的背景下，利用2013年浙江省农户实地调研数据和计量模型来实证考察农户正规信贷需求及其利率弹性。通常，农户先对正规金融机构提供的贷款合约产生借贷意愿，随后正规金融机构按照一定贷款程序对农户贷款申请进行审核，并决定是否放贷以及贷款数额，其中贷款利率这一重要合约条件由正规金融机构确定。从文献可知，利率是影响农户正规信贷需求的重要因素，而要准确估计农户正规信贷需求以及利率对其的影响，则必须解决利率内生性这一关键难题——这是因为正规金融机构在利率定价过程中也要考虑需求方面的因素。在已有研究（Iqbal，1983；Nagarajan et al.，1998；Elhiraika，1999；Swain，2007）的基础上，本文将采用Tobit Ⅲ模型来解决上述难题。具体思路如下：通过意愿调查有效识别、估计农户名义正规信贷需求，在此基础上估计正规金融机构的利率方程，并将利率方程所得到的利率预测值放入估计农户正规信贷规模需求的Tobit模型中，来综合考察影响农户正规信贷需求的因素；接下来，利用分组回归和分位回归方法考察农户正规信贷需求利率弹性异质性。从后文的分析可以看出，由名义正规信贷需求方程、利率方程与正规信贷规模需求方程三个方程组成的 Tobit Ⅲ 模型较好地"刻画"了农户借贷过程中所表现出的正规信贷需求特征以及正规金融机构的定价行为。

（第9段）与已有研究相比，本文的边际贡献主要体现在研究方法和数据方面。①研究方法。首先，本文在重要变量设置上进行了新的尝试，即采用"是否有名义正规信贷需求"作为估计名义正规信贷需求方程的被解释变量，采用"最大一笔贷款的贷款数额值与利率值"分别作为利率方程与正规信贷规模需求方程的被解释变量。上述尝试不仅有助于对农户正规借贷行为的刻画，而且还确保了三个方程之间得以真正识别。其次，本文在意愿调查的基础上运用 Tobit Ⅲ 模型妥善处理了数据截尾、样本选择偏差、利率内生性等问题，并提出了处理多笔贷款和利率弹性异质性问题的新思路。其中，特别需要指出的是，通过 Heckman 两步法得到利率预测值并将其放入正规信贷规模需求方程，以此来解决利率内生性问题；先后采用分组回归与分位回归的方法考察了农户正规信贷需求利率弹性异质性问题，以提高研究结论的稳健性。②数据。本文所使用的数据具有两个独有优势：一是时效性强，数据包含 2012 年度农户借贷活动信息，能够反映农村信贷市场的近期特征；二是针对性强，浙江省农村经济发展水平和市场化程度都很高，农村信贷市场尤为活跃，可以说是目前检验利率需求弹性最为理想的经验场所之一。

（第10段）本文取得的最重要发现是，利率对包括低收入群体在内的样本农户正规信贷需求具有负向显著影响。该发现与农户正规信贷需求对利率不敏感的主流观点形成了鲜明对照，为利率市场化改革快速推进背景下深入探讨经济发达地区农村利率政策提供了全新的经验证据。本文还得出了如下三个结论：①农村金融机构未针对不同特征农户进行差别化风险定价策略；②中等及以上收入农户正规信贷需求较高，而富裕农户获得正规贷款的机会更多；③农户正规信贷需求非农化与大额化倾向较为突出。

（第11段）基于上述经验发现，本文认为，应从利率市场化改革的目标及条件出发调整、完善农村信贷与利率政策。对于政府而言，未来农村信贷与利率政策应围绕促进农村经济转型升级尤其是农村经济非农化、规模化与产业化展开。同时，还需要关注低收入和贫困群体的信贷需求特点，加强农村金融市场竞争与农村金融监管。对于农村金融机构特别是农村信用社而言，需要探索新型农户贷款模式、创新农户贷款定价方法以及加强利率风险管理，以应对农户信贷需求及农村金融市场的新变化。此外，本文考察的是经济发达、农村信贷市场活跃的浙江省农户的正规借贷行为，其主要结论及政策启示对于制定、调整中西部经济欠发达地区农村信贷政策将具有前瞻性的指导与借鉴价值。

（第12段）本文余下部分的结构安排如下：第二部分从国外与国内研究两个方面展开文献回顾；第三部分提出Tobit Ⅲ模型及其估计思路，并讨论估计中将遇到的一些计量难题；第四部分依次介绍数据、变量及对样本农户正规信贷需求特点进行初步分析；第五部分是基于Tobit Ⅲ模型的估计结果对农户正规信贷需求与利率的经验考察，重点分析利率对农户正规信贷需求的影响以及利率弹性异质性问题；最后一部分是主要结论及政策启示。

（二）对示例的剖析

我们将按照"总—分"结构对示例中的引言进行剖析。从总的层次来看，引言由研究背景与问题、文献述评及本项研究简介组成,具体解读参见表 3.2。从分的层次来看,第一部分是研究背景与问题,具体解读参见表 3.3;第二部分是文献述评,具体解读参见表 3.4;第三部分是本项研究简介,具体解读参见表 3.5。

表 3.2 对示例引言的拆解和解读

内容	段落	解读
Ⅰ. 研究背景与问题	第 1—2 段	①铺垫 ②转承自然
Ⅱ. 文献述评	第 3—7 段	①结构清晰、观点明确 ②为"研究创新"提供背景 ③简洁
Ⅲ. 本项研究简介(目标、思路、特点、发现、意义及论文结构安排)	第 8—12 段	①论证,不断突出创新 ②要与文献述评"对应"

启示:
1. 篇幅和论证上,文献述评是写好引言的基础,是重中之重,问题和假说的提出主要依靠文献述评来完成
2. 整体布局上,要注意自己研究和已有研究的对应
3. 局部布局上,要注意归纳和概括

表 3.3 对引言部分第 1—2 段的拆解和解读

段落	内容	解读
第 1 段 (6 句)	**研究背景** 第 1 句:市场机制与金融资源配置 第 2 句:市场机制的核心和关键是利率 第 3 句:态势与判断(事实) 第 4 句:定义(什么是利率市场化) 第 5、6 句:利率市场化发展历程	①首句非常重要 ②注意每一句的主语;通过主语变换,体会逻辑的转承

(续表)

段落	内容	解读
第2段 (5句)	研究问题 第1句：研究意义 第2—4句：利率市场化的本质及作用 第5句：引入或提出要研究的问题	①体会"事实"与"理论"的不同，以及二者之间的对应 ②问题是将事实与理论贯穿起来的核心

表 3.4 对引言部分第 3—7 段的拆解和解读

段落	内容	解读
第3段 (1句)	文献述评（总领）	①给出"主线" ②介绍所涵盖的范围 ③简单综述，可用一段
第4段 (5句)	文献述评（第一个方面） 第1、2句：核心议题和观点总括 第3句：第一种观点 第4、5句：第二种观点	①提炼研究主题 ②要有归纳和概括，主要是观点概括，体会"对立"写法 ③概括要全面
第5段 (5句)	文献述评（第二个方面） 第1句：核心议题 第2句：主流观点 第3句：观点分歧 第4句：早期研究 第5句：近期研究	①阐述要具体 ②突出"分歧"
第6段 (6句)	文献述评（第三个方面） 第1句：核心议题 第2、3句：正面观点 第4、5句：反面观点 第6句：强调问题的重要性	①紧扣研究的价值 ②正反对比观点
第7段 (7句)	文献述评（小结） 第1句：研究问题的重要性 第2句：已有研究的现状及不足 第3—7句：对已有研究的评价以及本研究的改进方向	①评价与改进方向要对应 ②阐述要具体

表 3.5 对引言部分第 8—12 段的拆解和解读

段落	内容	解读
第 8 段 （6 句）	**本项研究简介（目标与思路）** 第 1 句：研究目标 第 2、3 句：研究难点 第 4、5、6 句：本研究的思路及其合理性和先进性	①论述要有针对性，尤其要能针对已有研究的不足 ②论述要充实、具体
第 9 段 （8 句）	**本项研究简介（特点、边际贡献或创新）** 第 1 句：总起 第 2、3、4、5、6 句：方法创新 第 7、8 句：数据创新	①注意与第 7 段的对应 ②注意写法是论证性的 ③这一部分的重点是本研究与其他研究的差异及其价值（而第 8 段写的是思路自身）
第 10 段 （3 句）	**本项研究简介（结论）** 第 1、2 句：最重要的发现及其意义 第 3 句：其他发现	①对第 8 段的目标给出明确回答 ②按结论的重要性来写 ③与已有研究结论形成呼应
第 11 段 （5 句）	**本项研究简介（政策意义）** 第 1 句：定调子 第 2—4 句：具体建议 第 5 句：其他借鉴价值	①建议要与研究发现有关系 ②建议要有针对性，考虑到建议对象 ③建议要注意范围与条件
第 12 段 （1 句）	**本项研究简介（论文结构安排）**	①这部分内容不是"指路牌"，也不是各节小标题的翻版，应体现研究设计

五、小结

引言，也叫导言、导论等，是结合经验事实与已有研究，对自身研究的内容、重要性及创新性进行论证，其中重要性应排在第一位。

引言不仅仅是提出问题，更要有论证。第一个要论证的是研究问题。研究问题是论证出来的，如同法官判决嫌疑人有罪一样，要有理有据，要有逻辑推理。第二个要论证的是假说，要论证假说的高明之处。第三个要论证的是研究设计，论证研究思路是否合理和贴切。第四个要论证的是研究发现的重要性、价值和意义。引言的核心内容是论证自身研究的重要性及意义，具体是指创新性及理论价值与现实意义。

引言部分使用的动作主要有三个：概括、比较与论证。概括的内容主要来自文献综述、研究设计与实证分析。比较的对象有两方面：一方面是新、旧认识；另一方面是假说理论逻辑与经验证据。论证的对象是假说检验的逻辑合理性和价值意义。在这三个动作中，概括和比较是铺垫，它们是为论证服务的。

引言的结构主要包括研究背景（科学问题），文献述评，研究目标、内容及特点，研究发现，研究价值与意义，以及内容安排。

从表达方式看，引言是议论文，即论证此项研究的重要性、创新性及可行性，需要结合已有研究及自己的研究发现来进行论证。

思考与练习

1. 挑选两篇自己感兴趣的实证论文，在引言部分找出该文的研究背景，文献述评，研究目标、内容及特点，研究发现，研究价值与意义及内容安排等六个方面的内容，拆解和揣摩这些部分的功能、动作及对象，并比较这两篇论文在这六个方面的异同。

2. 挑选两篇自己感兴趣的实证论文，说明引言各部分的段落内部和段落之间是怎样衔接与过渡的，即引言六个方面内部的句子之间是否存在"总—分"或"总—分—总"的关系，以及每一段的末句和后一段首句之间是如何衔接的。

3. 挑选一篇实证论文，按照"以研究问题为导向"和"紧扣创新点"两个标准，对该文的引言部分进行检查和分析，并修改完善该论文的引言。

第四讲　如何写文献综述

内容提要：文献综述写不好的具体表现有：①简单罗列和复制文献；②偏离了提出和论证问题的轨道；③分析中缺少假说，这是硬伤；④分类不合理，导致无法进一步进行比较和分析；⑤没有比较，进而无法揭示已有认识的分歧；⑥论证乏力，无法提出明确的改进方向。要想写好文献综述，首先要搞清楚文献综述是什么。从功能来看，文献综述就是提出问题与假说。其中，问题就是事物现状与理论认识之间的差距或认知之间的分歧，假说就是针对问题初步提出尝试性的回答。文献综述包括"综什么"和"述什么"两个部分。文献综述具有四个特征：展示性、导向性、研究性与对比性。文献综述的衡量标准有三个：综述全面、论证充分和逻辑清晰。初学者可以从四个方面来检查自己写的文献综述：是否有引言、是否有文献结构图、是否打了表格，以及是否有结论。文献综述的内容是分析，"分析什么"和"怎么分析"是本讲重点阐释的内容。文献综述的结构按"分析"来布局，由"分节"来完成。写文献综述要练好两项基本功：一是打表格，二是画文献结构图。写文献综述的两个具体手段是分类和分点。

本讲提纲

一、文献综述写作常见问题

二、什么是文献综述

（一）定义

（二）功能

（三）特征

三、文献综述的内容与结构

（一）文献综述的内容

（二）文献综述的结构

（三）提出假说训练

四、文献综述写作的要点与步骤

（一）以目标为导向

（二）打表格与画文献结构图

（三）分类与分点

（四）六个步骤

（五）衡量标准及检查要点

五、小结

一、文献综述写作常见问题

一般而言，文献综述比较难写：一方面，写文献综述绝对不是照猫画虎、把相关文献中的内容东拼西凑那么简单；另一方面，实际操作时，又不自觉地将文献综述变成了文献的堆积、罗列和简单概括，当然很多时候这么处理也是迫不得已。

第一，写文献综述最常见的问题就是罗列和复制。具体而言，就是只列出张三说、李四说、王五说等，这样的文献综述仅仅是一个作者的读书清单而已。从表面上看，文献综述洋洋洒洒，包罗众多文献，但实际作用是有限的——读者无法从中看到问题的来龙去脉，更看不到论证的思路、逻辑和层次。显然，罗列和复制文献难以完成文献综述提出问题和假说的任务。此外，这种方式还会导致行文拖沓，难以激发读者的阅读兴趣。

第二，写文献综述的"大忌"就是偏离了提出和论证问题的轨道。比较常见的情况有两种：一种是压根就没有提出有研究价值的问题，这是文献综述写作最为失败的地方；还有一种是，尽管提出了问题，但不够具体，未能阐述清楚已有认识的分歧点是什么，也提不出自身对分歧点不满意的意见以及可能改进的方向。为了掩盖偏离研究问题的窘境，不得已的办法就是列出很多个"疑问"，这些疑问本质上仍是认知黑箱——因为对读者而言，更想知道的是具体的分歧点和可能的改进方向——这种处理方式，就好比扬汤止沸，治标不治本。

第三，分析中缺少假说，这是硬伤。没有依托假说的分析因为缺乏目标，所以注定就是东拼西凑、空中楼阁。什么是假说？文献综述分析中的"假说"就是提出对已有研究的不足之处或改善思路的猜想。显然，没有目标或作用的对象，文献综述的分析就只是一个摆设。缺少假说的直接后果是文献综述无法得出明确的结论和观点。而且，即使得出了判断和评价，但因其缺乏逻辑论证，文献综述所得出的判断或结论可信度也较差。

第四，分类不合理。未能根据目标和问题对相关文献进行分类，就会导致文献综述的结构和层次比较杂乱，可能表现为某节的具体内容与该节的标题不在一个逻辑层次上。更重要的是，分类不合理还会导致无法进一步比较和分析。这种不合理包括两种情况：一种是分类不完全，即重要文献被遗漏，未包含在分类范围之内；另一种是分类不完备，组别之间有交叉，逻辑上不具有相互排斥性。当然，最糟糕的是没有分类！

第五，没有比较，进而无法揭示已有认识的分歧。比较是在呈现已有研究的相同点与不同点的基础上，揭示已有认识的分歧点及其背后的原因。除了分类不合理，没有比较的原因还在于没有找到比较的标准，即按什么标准对已有研究文献（包括结论以及导致结论不同的因素等）进行比较。通常，找不准比较的标准主要是因为理论素养不足。

第六，论证乏力，无法提出明确的改进方向。尽管有的文献综述能提出明确的猜想，但缺乏有力的论证，导致最后的结论难以令人信服。在文献综述中经常看到"某某研究（或分析）发现……"这样的句子，需要强调的是：这种罗列某个研究者做了什么研究的论证方式，一是论证太弱，二是效率太低。这是因为，假设 A 代表某一要说明的观点，A^* 代表某个研究，那么 A^* 中可能包含了 A 的某个元素或方面，可以起到支撑 A 的作用，代表了要评价的内容，但绝不是 A 本身。显然，文献综述关注的是 A 及其影响因素。

以上六个方面是文献综述写作中常见的技术性问题，直接关系到文献综述的功能能否实现。除了这六个方面，文献综述写不好的原因还在于参考文献搜集和选择上不够全面、相关性不够强。具体而言：①缺乏应有的文献，作者并未竭尽全力去查阅和学习已有研究成果，遗漏掉了大家公认的重要文献，而基于不完全的文献展开的分析很难得出让人信服的判断和结论；②缺乏有针对性的文献，作者没有紧扣主题，根据问题来筛选文献，常见的错误做法是"全面出击"，泛泛地回顾整个研究领域的发展情况，这导致文献综述写作比较随意，有的时候这么做就是为了增加篇幅。

在我看来，初学者写不好文献综述的主要原因有两个：一是没有弄明白文献综述的功能是提出并论证问题与假说；二是没有掌握写文献综述的相关具体动作与对象。前一个方面和"为什么做"有关，后一个方面和"如何做"有关。

在文献综述写作方面，初学者感到最棘手的地方就是提不出具体的问题与假说，同时对问题和假说缺乏充分的论证。提出问题是要呈现事物现状与理论认识之间的差距或认识之间的分歧，而提出假说则是要针对问题初步给出回答。问题和假说不只是提出那么简单，更需要论证问题和假说内在的理论逻辑及其先进性。

二、什么是文献综述

（一）定义

所谓文献综述，是指对迄今为止与某一研究问题相关的各种文献进行查阅和分析，以了解该领域的研究进展和现状。

（二）功能

文献综述的功能是推进对某一领域的理论认识，其具体目的就是通过分析文献得出一个值得研究的问题。这个问题有"两面"：一面是回首过去，看有哪些认识分歧或不满意；另一面是展望未来，提出待检验的假说。问题的这两"面"都需要文献综述来完成。

具体而言，文献综述的第一个功能是界定已有理论认识与事物现状的差距或已有认识之间的分歧。在这一方面，应围绕研究目标，评价已有相关研究并提出可能改进的空间与方向。

文献综述的第二个功能是提出待检验的假说。用猜测的方式对事物现状与理论认识之间的差距进行填补，即提出假说。就一篇实证性论文而言，经过对已有研究进行分析、最终提炼出一个有价值的待检验假说是文献综述最重要的任务。

如图4.1所示，文献综述的功能是提出问题和假说，目标就是为了更好地把这个功能发挥出来。为了实现这个目标，文献综述主要是在已有文献的基础上展开分析，由此来看，文献综述也是一种研究。文献综述所使用的动作或策略主要有三个：分类、比较与验证。分类和比较是为验证服务的，验证什么呢？需要验证的无非就是问题和假说，前者是认识分歧点或空白点的具体呈现，而后者是对问题给出回答的某种猜想。与通常的认识不同，我认为，文献综述中的问题和假说一样，它也是一种猜想，是需要验证的。所谓分类和比较，就是先根据问题及其具体细节对研究文献进行分类，通过比较找出问题的分歧点及原因。然后，在此基础上，提出并论证本研究的假说，即改善已有认识的某种尝试。

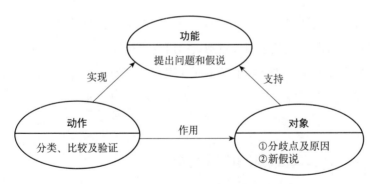

图 4.1 文献综述功能、动作及对象三元素

（三）特征

好的文献综述应具备以下几个特征。

1. 展示性

展示性反映了作者对这一研究领域研究全貌、研究脉络以及对内部结构的整体把握。文献综述在一定程度上显示了作者对该领域研究的熟悉程度与思考深度，否则没有人相信作者所提出的假说。

2. 导向性

导向性是指文献综述要有"结晶"与"归宿"。如果没有"结晶"，说明综述内容是空洞的，无所收获而致竹篮打水一场空；如果没有"归宿"，说明综述就像走马观花，缺乏真正的价值。

3. 研究性

研究性是指文献综述本身是一项研究工作，具体来说就是论证，即在展示已有文献的基础上，分析相关研究并论证所提出问题和假说在理论上与实践上的重要性及价值。

4. 对比性

对比性是指文献综述提供了研究背景和进一步讨论的空间，为分析和论证提供了可比较的参照。具体来说有两种对比：一种是在已有研究文献之间，对别人的研究进行梳理与归类，反映已有研究在某个具体问题上的不同认识；另一种是在研究者自己的认识与已有研究之间，突出研究者观点的不同之处。

三、文献综述的内容与结构

（一）文献综述的内容

对于初学者而言，要找到"合适"的文献阅读范围是比较困难的。最有效的办法就是多读、多向别人请教。从内容上讲，文献综述包括"综什么"和"述什么"两个部分。

"综什么"的基础是读什么,这就有了选定阅读范围的问题。这方面没有什么窍门,也没有什么捷径,只能围绕自己的研究方向,一篇一篇地读、认真地读,带着"研究性"和"批判性"的态度读,同时记笔记和做卡片,并打表格(具体可见下文)。其中的焦点和主线就是提炼问题,但提炼问题需要基础和背景,这个基础和背景就是所读过、所思考过的一篇篇文献以及由某几篇文献组成的文献板块。

"述什么"的工作主要包含三个方面。一是概括总结所"综"的文献。这需要围绕主题理出逻辑线索,用线索有条不紊地将有价值的文献(好比一颗颗珍珠)串联起来,也就是说既要有线索,还要有具体内容。二是评述,即需要对所"综"的文献进行评价,在比较异同中发现分歧点或突破点。三是提出问题并论证。在先"综"后"述"的基础上,要"引出"所要研究的问题,并结合已有文献"论证"所研究问题的理论价值与现实意义。

如何才能打破在文献综述中难以提出问题的困境呢?在我看来,提出问题失败的原因在于文献综述的内容没有发挥其应有功能,换言之,是对现有文献的分析不够。文献综述里的"分析",是指在某个研究领域、对某个研究对象的相关研究文献进行分析。分析的素材是一项项的具体研究;所关注的对象是文献里的具体内容;分析的重点是根据已有研究文献所提出的假说或猜想;分析的目的一是要能通过分析发现已有认识的分歧点,二是要能通过分析提出改善认识不足的可行性。

1. 分析什么

分析于文献综述而言是非常重要的,因为要提出问题或假说，就需要通过分析。分析什么？分析的对象是假说，而假说直接指向我们所关心的问题，即已有认识中有分歧或不足的地方。

具体而言，分析的目标对象是两个假说：第一个假说是"X是关于某个事物已有理论认识存在分歧点或不足的原因"（以下简称"假说1"）。一般情况下，大部分研究领域的文献在研究结论上都会存在分歧，造成分歧的原因有哪些？假说1就是对结论上出现差异的原因所进行的猜想。以《中国农户的信贷需求：生产性抑或消费性——方法比较与实证分析》一文为例，我们提出的一个假说是"就已有研究的结论和判断，所使用的数据和研究思路是影响研究结论的重要原因"。

第二个假说是"Y是改善这个理论认识不足的可能方向"（以下简称"假说2"）。假说2是针对已有认识分歧、差距或不足，提出了新的视角、思路或方法。同样，在上面列举的论文中，我们提出的另外一个假说是"为了克服上述两种方法的缺陷，我们提出一个改进了的意愿调查+假想式问题的研究思路"。

文献综述中最大的失败就是在分析过程中未能抓住上述两个假说。这两个假说，有时是在研读文献时像火花似的闪现出来的；有时是像大浪淘沙通过分类和比较得出来的。

2. 怎么分析

具体分析方法包括归纳、分类比较、评价、验证和猜想。分析同一领域的研究文献时，首先对结论进行分类，然后对影响结论的"研究设计"元素进行分类，通过比较分析结论及其影响因素的不同，验证导致认识分歧或不满意的原因；在此基础上，提出改善认识分歧或不满意现状的新假说。

归纳。根据文献综述所关注的领域或对象，将紧密相关的研究与文献梳理出来，归纳要尽量做到全面且有代表性。

分类比较。根据某个（或某几个）标准对已有研究进行分类，重点是概括已有研究在理论认识或解释上的差异性，然后从某个"标准"出发比较造成这种认识差异的可能原因。

评价。根据研究目的，在分类和比较的基础上评价已有研究文献。重点是要探究导致不同研究结论的原因，其中的关键是确立标准，以保证所综述的文献可比较。标准的不同导致文献综述所采用的评价策略也不同。一般有三类标准：第一类是以理想参照为标准，如计量分析以 OLS 回归为参照。第二类是以理论演进为标准，如消费理论中的绝对收入假说、相对收入假说等。第三类标准是相对的。所谓相对的，是指在已知的范围内，基于已有相关文献总结出来的这个标准可以用来评价文献的高低优劣，而跳出这个范围，该评价标准就可能会失效。综述就是要找到一个大家都认可的标准来对相关文献进行评价。评价其实从归纳就开始了，那时就要确定好分类标准。

验证。验证是上述工作的综合，其目标是"接受"假说 1。具体就是"坐实"问题的存在，并指出其具体形式及背后的原因，当然，这个坐实工作需要相应的论据。

猜想。研究的最终目标是推进理论认识，尽可能地缩小理论与实践之间的差距。从新的理论视角或新的经验现象出发，通过分析，提出新的假说，将假说 1 和假说 2 有机衔接起来，重点是要有效论证假说 2 以及改善假说 1 的逻辑合理性。分析至此，就可以发现，此时综述的主要目标不再集中于所引用文献的具体内容，而是要明确研究者自己所要确立的论点、论证思路及相关证据。

表 4.1 总结了与写文献综述有关的动作、对象及功能等。归纳是搜集并整理出与所研究问题相关的具体文献，这是后续分析

的基础。分类比较是按照某个角度或某个标准,对归纳出来的文献及其内容进行处理,可以将文献内容分为两个大类:一类是结论性元素内容;另一类是原因性元素内容,原因性元素一般和研究设计中的数据、模型和方法等有关。通过分类比较,就可以初步对所关注的具体研究领域有一个框架性的认识,如大致有几类认识和观点等,以及出现这些不同认识的可能原因。根据有关标准,可以对刚整理出的不同认识进行评价,哪些认识合理、哪些认识不合理,并在此基础上验证对这些文献的评价结果及有关认识分歧原因的推测。文献综述的目标不仅要提出问题,而且还要提出假说。写文献综述的最后一个动作就是猜想,这是临门一脚,至关重要。猜想是在把握认识分歧及其原因的基础上,尝试运用已有理论或构建新理论来回答问题。一般而言,研究者提出新假说,要么是运用了新的理论,要么是基于新的理论视角。在实践操作中,归纳和分类比较主要依靠打表格完成,具体方法可参考下文。

表 4.1 写文献综述的动作、对象与功能

动作	对象	功能
归纳	与议题有关的研究文献	打基础
分类比较	结论性和原因性元素	呈现认识分歧
评价和验证	标准、不同认识背后的原因,以及假说	揭示认识分歧原因
猜想	新理论	提出新假说

总之,初学者在写文献综述时,最缺乏的莫过于就是分析了。缺乏有效的分析,要么导致难以发现真正的问题,要么导致所写的综述给人留下罗列的印象。而要跨过这个门槛,就需要正视文献综述中分析的功能、目标及步骤,建议初学者多找一些范

文来揣摩和体会。

(二) 文献综述的结构

1. 结构应按分析来布局

从结构上来讲，文献综述最好按照"总—分—总"的方式展开。第一个"总"要紧扣假说1，即一上手就要直奔认识分歧点。"分"是指要将已有认识分歧点进行分节处理，节和节之间的前后位置关系即表现为结构，结构和节都是为了更好地呈现分析结果。第二个"总"要紧扣假说2，即要明确改善已有认识不足的可能方向。

2. 结构由分节来完成

分节的"分"是指按照问题或命题将所综述的内容分成几部分。分节主要依靠文献结构图（具体内容参见下文）来完成，小标题不是分类标签，而是文献结构图中的"模块"，最好是观点句。分节是为了更好地提出假说，因此分节的标准是要能够更好地呈现已有研究的分歧点、能够更好地彰显改善已有研究不足的途径。此外，要尽可能地在同一模块或类别中展开比较、分析和讨论，将相关内容集中放在一个模块内阐述，这样既可以避免冗长甚至是跑题，又能增加行文的效率。

应在文献综述的开始用一段文字交代分节的依据及缘由。具体而言：第一，阐明文献综述这部分的目的、组成部分及其相互关系，关键是要交代这些部分与研究目标的关系。第二，要有对比，即让读者能分辨出自己的研究与已有研究在哪些方面有所不同，显然，为了达到这一目的，研究视角的选取就很重要。如在下面的示例中，文献综述一开始就应有一段介绍性、总括性文字。

【示例】刘西川、陈立辉、杨奇明：《农户正规信贷需求与利率：基于 Tobit III 模型的经验考察》，《管理世界》2014年第3期。

文献回顾

本部分将主要围绕农户正规信贷需求及其利率弹性实证研究展开文献回顾。考虑到国内外研究在关注重点、研究方法及模型选用方面存在较大差异，我们将分别从国外研究与国内研究两个方面展开。其中，国外研究部分侧重讨论计量模型及估计方法的应用，以及与本文密切相关的农户信贷需求利率敏感性问题；国内研究则侧重于对影响农户正规信贷需求的因素以及利率作用的考察。

（一）国外研究

    1. 正规信贷需求的识别[①]

        ……

    2. 计量模型与方法

        ……

    3. 信贷需求与利率

        （1）采用准实验数据的研究……

        （2）采用调查数据（即非实验数据）的研究……

（二）国内研究

    1. 信贷需求分类

        ……

    2. 模型使用

        ……

[①] 具体内容在此省略，下同。

3. 农户借贷需求水平及其影响因素

（1）农户家庭特征……

（2）利率……

（三）提出假说训练

初学者在写文献综述的过程中对发现问题和提出新假说不够重视。正是由于没有紧紧围绕问题和假说，大多数同学都将文献综述写成了"说明文"，仅仅是对文献的梳理和记录。有些即使提及假说，也只是做了个样子而已，而有些压根就没有假说。

导致对假说不重视的原因有三个：一是不知道假说从何而来，是如何提出来的；二是不知道好的假说是什么样子，找不到模仿和学习的榜样；三是在态度上认为假说可有可无，没有把假说当回事。以下针对上述第一种和第二种原因，重点阐述如何提出假说。

1. 假说是怎么提出来的

假说是以问题为导向的。问题产生于不同理论认识之间的比较和差异，而集这些理论认识于"大成"的就是文献。从这个角度来讲，问题和假说是在梳理并分析文献之后总结出来的。很多时候，提不出问题和假说，原因在于阅读文献方面下的功夫不够。因此，要想提出假说，先要搜集、研读和分析相关文献，在比较这些认识差异的过程中提出自己"心仪"并认为有竞争力的假说。

2. 什么是好的假说

好的假说是可比较的、具体的。它至少要符合以下三个条件：第一个条件是这个假说应该有理论基础，或者说与某个理论命题直接相关，它不应该就事论事。简单点讲，就是这个假说至少要和某个或某几个概念及理论有关。第二个条件是这个假说可以检验，即运用数据、变量及指标就可以对它进行验证。具体来讲，就是在实证分析框架里，这个假说在数据的支持下可以找到相应的变量和指标来表征。第三个条件是这个假说应有靶子或参照物，即在文献里可以找到与该假说可比较的假说。

如果想提出好的假说，就需要深耕文献，将假说建立在文献分析的基础上。为此，我设计了两个表格，分别是表4.2和4.3。表4.2旨在通过搜集、整理和研读相关文献来更好地把握某个研究领域的不同假说及相关内容，也就是说，可以通过文献综述找出不同的理论认识，经过思考会选出截止到目前最优的那个假说。而表4.3旨在通过文献综述，从比较的角度来认识新假说和旧假说之间的异同与联系。通过训练，希望读者认识到，当研读文献、分析观点和假说时，不仅要想到与假说有关的基础理论、研究设计与经验证据，还要想到新假说是针对什么"靶子假说"提出来的。对于大多数同学而言，最紧要和最基础的工作就是找出一个合适的"靶子假说"。读者可以在自己感兴趣的研究领域选择一组文献有针对性地进行练习。一般而言，假说（1）、（2）和（3）分别来自文献1、文献2和文献3。

表4.2 从文献来看已有假说及相关内容

假说名称	假说内容	对应的问题	与该假说有关的文献	与该假说有关的理论认识	你为什么支持该假说？
假说（1）					
假说（2）					
假说（3）					

表 4.3　从文献来看新假说及相关内容

假说名称	与该假说相关的理论认识	与该假说相关的变量与指标	与该假说最相关的"靶子假说"	靶子假说所在的文献来源	你认为你的假说胜出"靶子假说"的地方是什么？
新假说（1）					
新假说（2）					
新假说（3）					

注：与假说相关的变量主要是指因变量和自变量。

四、文献综述写作的要点与步骤

（一）以目标为导向

写文献综述，最紧要的是要搞清楚文献综述的目的，即应以目标为导向。具体而言，文献综述的目标有三：第一，围绕某个研究对象，梳理和概括已有的理论认识；第二，通过分析，揭示出已有理论认识的分歧点及其形成原因；第三，针对分歧点及其背后的原因，提出一个推进理论认识和改善不足的可能方向。将上述三个具体目标与问题的本质——问题是理论预期与事物现状的差距——对照一下，可以发现：文献综述的具体目标就是通过分析已有的理论认识提出并论证问题。分歧点和改善途径都是"理论预期与事物现状差距"的具体呈现方式。

很多时候，基于凑字数的目的而列出部分文献实际上都偏离了文献综述的目标。显然，凑字数是无济于事的。正确的态度应该是根据研究目的写好这部分内容。写文献综述最终要"落地"，应有一个直接输出,这个输出就是待检验的假说。这种"落地"不仅仅是提出来那么简单,它需要经过分析和论证。应切记:不能只顾方法或技术,而忽视了问题与结论。总之,写文献综述要时刻谨记三个具体目标,否则就可能会跑题,导致事倍功半。

需要特别指出的是:第一,文献综述的第一段就应该紧扣主题和研究目标。紧紧围绕主题,写清楚文献综述的目标、关注领域及研究对象等。同时,交代文献综述展开的角度和思路,所包括的具体内容及结构安排等。应以写文献综述的目标为标准检查各部分、各环节,评价目标是否实现。第二,文献综述的最后一部分要有一个小结。小结应正面回答以下两个问题:①已有研究的分歧点是什么;②改善已有研究的可能思路是什么。这不能简单地回答"是否"或"有没有",应格外注重回答的质量,也就是说,不同的研究者对分歧点和可能改进思路有不同的认识和判断,而这些认识和判断存在高低之分。

一般而言,分歧点和改善思路这两部分内容都在文献综述的结尾部分。我们可以在示例论文中看到它们的具体形式及相关内容。如下文示例所示,我们关注问题的"两面":一面与分歧点有关,另一面与改善思路有关。

【示例】黄祖辉、刘西川、程恩江:《中国农户的信贷需求:生产性抑或消费性——方法比较与实证分析》,《管理世界》2007年第3期。

分歧点的那一面

主流观点认为,发展中国家贫困地区农户对正规信贷的需求以生产性为主,而对非正规信贷的需求以消费性为主。这种观点在中国农村金融研究领域也非常普遍。已有研究之所以高估农户对正规信贷的生产性需求主要是因为在概念理解、研究思路以及问卷设计三个方面出现了偏差。

改善途径的那一面

不同于以往简单的意愿调查或从信贷合约上获取信息，本文在控制信贷可得性的基础上提出了一个改进了的意愿调查＋假想式问题的研究思路。

（二）打表格与画文献结构图

写好文献综述要练习两项基本功：一是打表格，二是画文献结构图。其中，打表格其实就是总结、归纳，是在一定框架下控制住了一些因素后所进行的比较，所综述的文献就是证据。这里所讲的证据，是指为了验证认识分歧点和改善思路，所搜集和分类出来的文献以及每个具体栏目（如数据、计量模型等）下的具体相关内容。打表格是一个基本功，需要逐篇分析文献，强调不同类研究间的比较。文献结构图则需要围绕综述目标进行"分"，它是在更宽广的范围进行比较，仍然需要控制住一些影响结论的可能因素。与打表格不同，文献结构图是看多了、思考多了之后的架构和部署，更加关注文献之于研究目标的针对性以及内容之间的联系。

1. 打表格

打表格是指根据某个或某几个具体标准，归总、概括相关研究文献的内容，然后进行比较和评价。依我个人的经验来看，打表格要尽量做到全面，关键是可比性，尽量找出差异。关于如何打表格，可以用示例论文来说明。

【示例】黄祖辉、刘西川、程恩江：《中国农户的信贷需求：生产性抑或消费性——方法比较与实证分析》，《管理世界》2007年第3期。

分析的思路： 这篇论文先对国内代表性研究进行了回顾和总结，见表4.4。纵向来看，表4.4共分为四列，依次是作者、使用的数据、研究思路和主要结论。就我们的研究目的——实证考察中国农户信贷需求特征而言，我们认为，所使用的数据和研究思路是影响研究结论的重要原因。从表4.4的第三列来看，已有研究主要有两条思路，即分别是从贷款用途和未来信贷目的出发。为此，我们将已有研究的方法与思路分为两类：一类是合约考察法，另一类是意愿考察法。在此基础上，我们围绕研究目的比较了这两类方法所存在的不足（具体请参见原文）。

表4.4　国内有关农户信贷需求贷款用途特征的主要研究概述

作者	使用的数据	研究思路	主要结论
林毅夫（1989）	作者于1987、1988年在吉林省公主岭市、江苏省泰县和句容县的农户调查	贷款用途	正式机构贷款主要用于生产，大多数非生产性项目的巨大开支主要依靠非正式部门提供贷款
徐笑波、邓英淘和薛玉炜等（1994）	农业银行1990年对全国1万多个农户手持现金情况的抽样调查；农业银行1987—1990年在全国的农户调查	贷款用途	农户正规贷款只有约40%被用于生产，其生产性贷款中只有约50%真正被用于生产；民间借贷的主要用途是生活消费

（续表）

作者	使用的数据	研究思路	主要结论
温铁军 (2001)	作者对东部、中部、西部15个省24个市县41个村落的案例调查；农业部农村固定观察点	贷款用途	改革开放后农户正规金融机构贷款大部分用于生产经营，到20年代90年代中后期，生活性借款比重逐渐上升；民间借贷的主要用途是生活需求
汪三贵、朴之水和李莹星 (2001)	作者1998年对6省6个国家级贫困县446户农户的调查	贷款用途	正规金融机构贷款更多用于生产领域，而非正规贷款更多地用于消费领域；贫困农户更可能将贷款用于消费目的
朱守银、张照新和张海阳 (2003)	作者在安徽亳州和阜阳6个县的调查	贷款用途	以消费性信贷为主，其中盖房和婚丧嫁娶占绝大比例；同时，生产性贷款主要用于非农生产和高效农业
何广文和李莉莉 (2005)	2003年在浙江省和宁夏回族自治区的农户调查	未来信贷目的	生产性贷款远远大于消费性贷款，农业生产性贷款仍然大于非农产业的贷款

分析的结论：我们认为这两种方法都难以"胜任"准确揭示农户贷款用途特征的重任。具体如下：

以上有关农户对正规信贷的需求以生产为主，对非正规信贷的需求以消费为主的结论是与研究者所采用的方法密切相关的。下面我们分别讨论合约考察法与意愿调查法难以准确揭示农户信贷需求的贷款用途特征的原因。

提出新的研究思路：既然已经得出了已有认识和研究者所采

用的方法密切相关的论断,并发现已有的两种方法都难以准确揭示农户信贷需求贷款用途特征的原因,那么据此可以提出新的研究思路。围绕新思路,既需要瞄准更准确地揭示农户贷款用途特征的目标,又要考虑到新思路如何有效弥补已有两种主要方法的缺陷。具体如下:

为了克服上述两种方法的缺陷,我们提出一个改进了的意愿调查+假想式问题的研究思路。考虑到不同借款渠道对农户信贷需求的影响是不同的,本文将信贷需求分为对正规信贷和非正规信贷的需求两种类型。然后,运用包含贷款合约条件、还款能力等影响因素的意愿调查识别出对正规和非正规信贷有需求的农户。同时,增加一个"假如您现在有1万元,您将如何处理?"的假想式问题,通过给出一个具体金额巧妙实现对信贷可得性的替代,控制信贷可得性对信贷需求的影响并排除农户为获得正规贷款而"撒谎"的可能。

实际上,打表格是对自己脑海中的"预设"的检验。如上文示例所示,要想打出一个有效的文献表格,就需要预先找出影响研究结论的因素,如数据和研究思路是影响中国农户信贷需求特征研究结论差异的两个重要因素。

通过打表格的方式对已有文献进行总结,有以下三点好处:

一是通过一张表就可以将所涉及的文献纳入视野之中,比较直观,易于把握。

二是便于分类与比较。从分类方面看,在打表格时要尽量将有代表性的研究以及与研究目的相关的"点"包含进来;从比较方面看,打表格的目的就是要尽可能地呈现出不同研究的异同——可重点关注结论差异和思路差异。

三是有利于在行文中按分类来论述,不再罗列。具体而言,打完表格后，在正文展开文献评述时就不会存在罗列的痕迹，此时可以直接进行评论，如从数据和研究思路来看，已有研究存在什么问题等。这同时也提醒我们，打表格时要切记两个要点：一是要围绕研究目的来展开；二是要能对文献里的具体内容进行比较。

2. 画文献结构图

很多时候，一项文献综述研究的内容或对象难以在一个统一的分析框架下实施归纳和概括。也就是说，当所综述的内容较多时，需要将内容分成几个部分。此时，借助文献结构图（由几个模块组成）是必要的，它可以直观地展示出综述的内容及其相互之间的联系，即用图表将所涉及的文献理出层次和线索来。一般而言，图中不同模块之间的顺序有三种类型：时间顺序、空间顺序和逻辑顺序。具体如何操作可参照类似的文献综述。"画"文献结构图有两个要点：第一，要从总的方面把握文献综述的目的，以及这些文献所关心的核心问题；第二，要了解每一类具体研究在文献结构图中所处的位置，以及文献之间的横向、纵向关系。可以通过以下问题来检查所画的文献结构图：①文献结构图是否有效地为研究目的服务；②是否覆盖了所有相关文献；③不同模块之间的关系是否有逻辑；④文献结构图的内容完成之后，文献综述的目的能否实现。下面以我们的一篇论文为例，来说明文献结构图的具体内容。

在这篇论文中，我们以治理特殊性为切入点，从组织目标、治理结构与机制及其对绩效的影响等方面对成员主导型金融组织研究进行回顾与综述。虽然我们不一定要在文中展示文献结构图，但在写作思考过程中是要有的，具体如表 4.5 所示。

【示例】刘西川、陈立辉、杨奇明：《成员主导型金融组织治理研究：一个文献综述》，《金融评论》2013年第6期。

表4.5　成员主导型金融组织治理研究文献结构图

组织目标	目标的多元性	基于成员角色的目标差异
		社会目标和经济目标的差异
治理问题	多重角色与治理问题	三大利益群体和四组委托代理关系
	委托代理关系分析	成员与管理者委托代理关系
		净借款者与净储蓄者委托代理关系
		管理者与借款者委托代理关系
治理机制	治理机制的特点	
	治理机制的分类	
	治理机制的针对性	
治理绩效	内部治理机制与绩效的关系研究	
	外部治理机制与绩效的关系研究	

如表4.5所示，成员主导型金融组织治理研究可以分为四个模块：组织目标、治理问题、治理机制与治理绩效。此类组织治理问题的特殊性是分析的逻辑起点，它主要表现为成员与管理者委托代理关系等三类委托代理关系。针对这种治理问题的特殊性，成员主导型金融组织需要在组织结构、所有权结构、分配权结构等方面做出相应的安排，而与该治理结构相对应的治理机制则包括决策机制、激励机制、内部监督机制以及外部治理机制，这一系列针对治理问题和治理结构的治理机制将最终影响治理绩效，治理绩效则反映了组织目标的实现程度。

（三）分类与分点

文献综述的具体内容要分类与分点。这样做是为了更好地呈现已有研究的分歧点,从而为验证关于已有研究分歧点的猜想或假说服务。

1. 分类

所谓分类,是针对某节的内容,根据某个标准对自己感兴趣的内容,如方法、数据、模型、观点等进行分类。分类的目的是便于比较,查找和审视已有研究结论的不同以及结论差异性的影响因素,也就是为了识别出研究结论及其影响因素的差异,从"同"中找到"不同"。

分类要做到以下三点:第一,分类的目的是呈现出分歧点,因此分类的标准应根据分析的第一个层次——寻找分歧点的原因——来设计。例如,一般在实证研究论文中,可能造成结论差异的原因包括数据、思路和方法,那就有必要对数据、思路和方法进行分类。第二,分类要尽量做到穷尽,即在可以覆盖甚至穷尽的文献范围里进行分类,避免遗漏。第三,分类要尽量做到完备,确保类别间相互排斥,不能你中有我、我中有你,即不能模棱两可。

为了更好地理解和掌握上述分类的思路和要点,这里举例来说明如何在文献综述写作方面做好分类工作。如下文的示例所示,该文作者首先从理论解释和经验研究两个方面对已有研究文献进行分类。其中,在理论解释方面又将研究文献分为"替代关系"和"互补关系"两类;经验研究方面分类比较复杂一些,根据计量模型可以分为四类,而根据观点可以分为五类。

【示例】刘西川、杨奇明、陈立辉:《农户信贷市场的正规部门与非正规部门:替代还是互补?》,《经济研究》2014年第11期。

(一) 理论解释

已有关于正规与非正规信贷部门之间关系的争论,主要集中于替代和互补两类主要关系（Floro & Ray, 1997）：

1. 替代关系……

2. 互补关系……

(二) 经验研究

根据所使用的计量模型,已有研究可以分为以下四类:

1. 单方程模型……

2. 多项 Logit 模型……

3. 二元 Probit 模型……

4. 多元 Probit 模型……

在经验研究方面,已有研究主要存在以下五类观点:

第一种观点认为两个部门完全独立,不存在任何关系……

第二种观点认为两个部门存在部分独立性,即存在部分独立于正规信贷部门的非正规借贷行为……

第三种观点认为两部门存在不完全替代关系……

第四种观点认为两部门存在互补关系……

第五种观点认为既存在互补又有替代关系,这取决于正规部门对应的是非正规部门中的哪类借款……

2. 分点

所谓分点,是针对一段文字的写作而言,要求紧紧围绕中心观点句,并筹划或安排几个论点来支撑。概括而言,分点写作主要有三种方法：①并列写法,比较常见的是"一方面……,另一方面……"这种句式;②时间顺序写法,比较常见的是"早期……,后期……"这种句式;③正反写法,比较常见的是

"支持者认为……,反对者认为……"这种句式。

为了帮助大家更好地理解和掌握并列写法、时间顺序写法和正反写法的写作思路和要点,以下各提供一个示例。

【示例】刘西川、陈立辉、杨奇明:《农户正规信贷需求与利率:基于 Tobit Ⅲ 模型的经验考察》,《管理世界》2014年第3期。

分点写法之一:并列写法

第一方面研究的核心议题是农户正规信贷需求对利率是否有弹性。关于农户或农村中小企业对市场利率的敏感性,学术界主要有两种观点。一种观点认为,农户等对利率敏感且无力承受市场利率(Hulme & Mosely,1996)。另一种观点则认为,农户信贷需求对利率缺乏弹性,他们更关心贷款可得性(Morduch,2000)。国内研究的实证分析结果倾向于支持后一种观点(韩俊等,2007;钟春平等,2010)。

分点写法之二:时间顺序写法

第二方面研究的核心议题是贫困群体或低收入群体是否对利率敏感。微型金融革命理论认为,农户、小企业主尤其是他们中间贫困群体的信贷需求价格弹性较小,他们更关心信贷可获得性。早期研究与近期研究在这方面存在明显分歧。一些早期研究(Kochar,1997;Bell et al.,1997)指出,微小企业主对信贷的需求缺乏弹性,并认为这一判断也适合于贫困群体。但近期的两项实证研究(Dehejia et al.,2007;Karlan & Zinman,2008)却发现贫困群体信贷需求对利率更为敏感;一项针对中国农户的实证研究也支持这一结论,并进一步发现不同群体信贷需求对利率的反应不同(Turvey et al.,2012)。

分点写法之三:正反写法

第三方面研究主要关注中国利率市场化改革,其核心议题是取消利率管制后农村金融机构的定价行为。2002年农村信用社改革试点的主要目的之一,就是希望利率浮动能让农村信用社获得一定程度的竞争优势。马九杰和吴本健(2012)认为,利率浮动政策对农村信贷供给的影响表现为,农村信用社可以通过提高利率,覆盖因交易成本过高而未服务到的群体,缓解农户信贷配给程度;另一方面,它也可以针对不同风险偏好的贷款对象采取利率差别定价策略。然而,事与愿违,在现实中,农村信用社似乎并未实施差别定价策略,而只是简单地将信贷价格一浮到顶,以赚取更高的垄断利润(周立和林荣华,2005)。更令人担忧的是,有些时候,农村信用社的贷款利率已经提高到了农村经济能够承受的上限(陈鹏和刘锡良,2009)。从这个角度来讲,利率市场化之后将面临一个重要问题,即在自主定价权扩大的情况下如何引导农村金融机构合理定价。

(四)六个步骤

文献综述的撰写过程具体可以分为六个步骤,如图4.2所示。这六个步骤分别是:第一步,记笔记与制卡片;第二步,打表格,按照视角、问题、目的、思路、方法、结论及建议等角度整理、比较文献,填充表格内容;第三步,画文献结构图,结合自己的思考,根据评价标准或创新点完成文献结构图,即将相关文献进行分类,把相同文献及其内容放到同一模块;第四步,看图表"说话";第五步,分门别类——用小标题"串联统领"各个文献模块,即以文献结构图的内容为小标题,将表格归类后的内容整理为段落内容,要做到分类与比较;第六步,检查完善,查缺补漏,反复修改,直到满意。

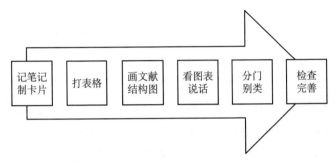

图 4.2　撰写文献综述的六个具体步骤

当然,在撰写文献综述之前首先需要围绕研究主题搜集、梳理相关研究文献。先搜集相关文献,应不少于30篇,并陈述选择理由,务必要做到:第一,不遗漏重要文献;第二,要找到与自己研究最相关的研究文献1—3篇,并能说出自己的研究和这些文献之间的异同,即要能读出哪些文献在主题和内容上与自己的研究比较近,而哪些文献又比较远;第三,要有近期最新文献,特别是要有近期最新的英文文献。

(五) 衡量标准及检查要点

1. 衡量标准

文献综述的目标是提出并论证问题和假说。从目标出发,衡量文献综述的标准主要有三个:

第一个标准是文献全面。针对"题目"与"范围",衡量文献综述所涉及的研究资料是否做到了全面,换言之,是否遗漏了有代表性的研究文献。文献综述的关键部分是评价已有文献，评价的基础是要获得尽可能"全"的文献。在"全"的基础上，一要"坐实"自己的判断；二要探究缘由，给出相应的解释。如果遗漏了重要的研究文献，那么有关问题和假说的论证从材料上来讲是不充分的，后续的结论观点也会有失偏颇。

第二个标准是论证充分。论证的前提是有分类和比较，然后是评价。评价不是简单的描述与介绍，评价要具有批判性和针对性。所谓针对性，是指要着眼于本研究的研究目标及可能取得的创新或贡献。论证的对象是问题与假说，论证的标准是"理论解释与事物现状的一致性"，论证的主要手段是分析。可以问一下自己：论证是否充分、有力、具体或是否言之有据。

第三个标准是逻辑清晰。逻辑清晰体现在三个方面：第一，在线索方面，文献综述的内容应有一个清晰的逻辑线索，这个线索要为提出假说服务。第二，在结构方面，文献综述应做到层次分明和结构合理，这反映出作者对文献的掌握和梳理水平。必须要分门别类，即要归纳和整理，而分节也是为了达到结构合理。显然，脉络清晰、层次分明的文献回顾能让人"一眼瞧出"这一研究领域的现状及问题所在。第三，在分类比较和论证方面，要做到清晰。分类比较是为了找到已有研究文献在结论及其影响因素方面的差异，论证则是从这些不同中揭示和提炼问题。所谓清晰，就是要在分类比较和论证之间建立起明确的对应和逻辑联系。

2. 检查要点

初学者可以从以下四个方面来检查自己所写的文献综述：

第一，文献综述是否有自己的"引言"，引言必须包括研究背景、问题、目的以及内容安排等"概括性"内容，若文献综述中缺少"引言"部分，则反映了作者对文献综述的目标不明确、缺乏全局意识。

第二，是否有文献结构图，是否能用一个图将文献综述的内容直观地"联系"起来。

第三，是否运用表格对所综述的内容进行比较，应对相关文献的具体内容进行梳理、分析、比较与评价，也就是具体文献需要经过加工整理。

第四，是否有结论，应对综述内容进行总结并引出自己的研究问题和研究假说。

五、小结

文献综述是议论文，论证不仅是其特色，更是其灵魂！从性质上讲，文献综述本身也是一种研究，同样需要证伪的理念，仍然是在控制影响结论的可能因素的基础上进行比较，揭示问题并提出假说。

写文献综述，首先要明确目的。大的目的是试图推进某个方面的理论认识，小的目的是要通过分析，发现已有研究存在的问题、提出并论证假说。

写文献综述的动作主要有：归纳、分类比较、评价、验证和猜想。归纳处理的是某个具体领域的研究文献；分类比较处理的是相关文献里的结论性内容或研究设计性内容；评价和验证处理的是文献里的标准和因果关系认识性内容；猜想不仅涉及已有认识分歧及其原因，还涉及与此相关的新理论或新经验素材。

文献综述包括三部分内容。第一部分是"引言"，要交代研究目标、分析策略与文献结构图；第二部分是主体，节标题下应先交代本节的目标及策略以及该部分之于整体的作用，然后根据文献结构图，运用表格内容进行比较分析；第三部分是结语，回顾目标是否实现，以及综述的结论是什么。

文献综述要根据目标将分析的内容有条不紊地呈现出来。分析是为了验证猜想或假说，猜想或假说事关分歧点和进一步完善的思路。分节、分类和分点都是为了更好地呈现分析结果。判断分节、分类和分点做得好不好，关键看它们有没有为验证有关分歧点和完善思路的猜想或假说提供支持。

写文献综述有三重境界：第一重境界，可称为梳理阶段，工作的重点是归纳，难点是要找准问题、厘清线索，分门别类地整理好研究文献；第二重境界，可称为比较阶段，工作的重点是围绕问题，比较现有研究的异同并评价优劣，难点是要找到合理的可比较标准；第三重境界，可称为论证阶段，工作的重点是研究，它是抽象的，更注重演绎思维以及猜想和论证，其输出结果不是对新问题的论证，就是对解决老问题的新思路的论证。

思考与练习

1. 围绕一个自己感兴趣的研究主题，搜集至少十篇实证论文，尝试运用本讲提出的"打表格"方法来研读与拆解文献，完成对文献的分类、比较与评价，并提出"问题"。（提示：第一，可以按照研究目标、数据来源、计量模型或研究方法、研究发现等设计表格栏目；第二，根据这些栏目对已有研究进行分类，然后从这些分类项目中探寻导致研究结论不同的可能原因。）

2. 读文献、做课题和写论文，都要时刻想到自己有没有假说，假说建立的基础是什么。以自己感兴趣的某个研究主题进行有意识地训练并回答：①针对该主题的已有认识，尝试用其他理论来观察和解释该问题；②针对已有认识的研究设计等，尝试找出其中可能存在的缺陷。

3. 挑选一篇含有"文献结构图"的文献综述类论文，遮盖住文中的"文献结构图"后通读全文，根据自己的理解画出该文的文献结构图，然后比较自己所画的图和文中的图，体会文献综述中不同内容模块之间的逻辑关系。

4. 围绕一个研究主题，搜集至少三篇文献综述类论文，总结这些论文在处理分点、分节、分类等方面用到的方法，并将你心目中的"好句子"和"好句式"总结出来。这里"好句子"是指包含好的内容的句子，而"好句式"是指好的句子结构。

第五讲　如何写研究设计

内容提要：研究设计不仅包括通常所讲的研究方法部分，还包括研究方法所瞄准的假说和假说的分析框架，可以用靶子、弓和箭形象地概括研究设计的组成部分及其相互关系。研究设计具有指导性作用、论证性作用和工具性作用。研究内容是研究设计的具体体现，研究方法是研究设计的重头戏。检查研究方法是否恰当和合理的三个标准是研究方法的目的性、具体性和经验性。研究设计可以分为两个阶段：一个是思考阶段，另一个是写作阶段。在前一个阶段，可以用分析框架图、研究设计图和研究技术路线图来"构思"研究设计；在后一个阶段，可以从分析框架、计量模型、数据和变量来清晰地表述研究设计的内容及其实施的结果。总体来看，研究设计既要能体现出新的视角、理论、思路和方法，又要能将研究方法、假说等统筹起来考虑，确保待检验的假说、计量模型、数据和变量等部分之间相互兼容、匹配。

本讲提纲

一、研究设计写作常见问题

二、什么是研究设计

　　（一）定义

　　（二）为什么要有研究设计

（三）研究设计的重头戏是研究方法
（四）一些说明

三、**怎样完成研究设计**
（一）分析框架图
（二）研究设计图
（三）研究技术路线图
（四）研究设计的动作、对象及目标

四、**研究设计写作的要点与检查标准**
（一）分析框架
（二）计量模型
（三）数据
（四）变量选取
（五）检查的标准

五、**小结**

一、研究设计写作常见问题

如前所述，实证论文中的三个主体部分依次是文献综述、研究设计和实证分析。研究设计要落实的任务就是为文献综述提出的假说提供检验框架与具体策略，后续的实证分析就是按照研究设计的思路与部署进行具体的假说检验工作。研究设计在一篇实证论文中居于核心位置，它为论文提供了基本框架和战略部署，并且是衔接文献综述与实证分析的枢纽。

研究设计这部分对于初学者而言尤其有难度，是初学者面临的几大拦路虎之一。研究设计就好比是施工的图纸，如果没有它，大楼就很难"立"起来。研究设计做不好，要么导致论文内容很散乱，难以成为一个有机整体，要么即使能统起来也落于俗套，不能很好地呈现论文的创新和亮点。

研究设计写作存在的常见问题主要有以下六个方面。

第一，目标不明确。在研究设计中，假说的中心地位没有得到应有的体现和重视。研究设计的目标是为检验假说提供一套分析思路、具体方法及实施方案。在一篇实证论文中，假说或核心假说最好只有一个。在研究设计的具体写作中，重点是讲清楚整个实证研究的"火力攻击点"，即试图检验的假说是什么，检验的框架、具体思路和方法是什么。

第二，设计感不强，套路化。套路化就好比做一道题型很常见、只改了数字的数学题，若仅仅是按照既定解题方法做一遍，不会有新的发现、体会和成长。套路化最常见的表现是走程序式地将计量模型、数据、变量及指标等交代一遍，基本上不提这些内容与所要检验的假说有何关系。另一个表现是缺乏新的理论视角和研究思路，导致研究设计缺乏参照与对比。还有一个表现是，关于变量、指标及估计方法等，只有一套方案，缺乏对不同研究方案的讨论和筛选。

第三，研究设计的新颖性不够。这种新颖性体现在两个方面：一方面，研究设计所检验的假说的理论价值与政策意义要大；另一方面，检验假说的思路、框架、素材和方法要巧妙，要能够让同行眼前一亮、豁然开朗。新颖性的本质是，针对假说及其检验所选择的理论基础要"新"，研究设计要能够体现对新的理论逻辑的阐释和检验。新颖性不够的根本原因是理论及其运用落入俗套了。

第四，研究设计各个部分之间未能很好地衔接起来。这一问题的突出表现是，每一部分只是按部就班地交代本部分的工作，有种"自扫门前雪"的感觉，而这种自顾自的安排是不利于论文设计部分目标实现的。一方面，很可能缺少了应该考虑并写出来的内容，逻辑上出现漏洞，各个部分自然难以联系起来。另一方面，研究设计相关部分之间的联系不紧密，缺少一个清晰的线索，导致各个部分处于松散状态。

第五，研究方法交代不清楚，主要有如下情形。①有方法但目的性不强。方法未能针对具体问题和命题开足火力，未能展开讨论，突出表现就是所交代的方法中规中矩，基本上和别的同类研究没有太大区别，缺乏个性。②有方法但不合理，例如方法与目的、问题、命题及数据等不匹配，或者方法不符合研究文献传统和研究范式导致其合理性受到质疑等。③有方法但交代不细致，例如完整性不够、关键细节被忽视、选择依据阐述不充分等，无法满足较高的要求。当然，最糟糕的就是压根没有研究方法。

第六，误把计量模型当作研究设计。从思考的层面来看，研究设计不等于计量模型，在研究者的脑海里应有一个研究设计的整体框架，计量模型仅是研究设计中的一部分。从写作的层面来讲亦是如此，按研究设计而非计量模型展开论文写作才会统筹考虑，且能注意到不同部分之间的联系和呼应。

综上所述，研究设计这部分写不好的最主要原因有两个：第一，初学者不清楚研究设计应该发挥的功能是什么。研究设计是为检验假说服务的，如果抓不住这个核心，研究设计这一部分的内容就会让人感觉有些零散甚至跑题。第二，初学者不知道研究设计究竟是什么样子，至少对研究设计应该包括哪些内容还不是很清楚，例如交代不清楚研究方法或者误把计量模型当作研究设计等。

上述两个原因属于共性原因，写不好研究设计还有一些个性原因。具体到某篇实证论文，研究设计要为检验某个具体假说提供更有竞争力的支持和帮助，要能体现出研究者的创意和个性。也就是说，从共性来看，写研究设计要遵守规范；从个性来看，写研究设计时要考虑是否有竞争力，是否能对已有研究做出显著的改进。显然，从个性出发来写研究设计，要求会更高一些。

二、什么是研究设计

（一）定义

研究设计是指研究者将采取什么样的策略或者通过什么样的路径，来回答研究问题或检验假说。具体而言，就是在界定清楚所研究的问题之后，要通过研究设计介绍实证检验的大致思路，同时重点阐述将要使用的研究方法。狭义的研究设计是指研究方法和技术，包括研究对象的选取、变量的测量方式、资料的收集途径和分析方法等；就实证计量研究而言，其研究设计主要是指计量模型选择、变量及指标选取等。广义的研究设计不仅包括上述内容，还包括提出假说、构建分析框架等。

研究设计的具体任务有三个：第一个任务是明确所要研究的问题和假说；第二个任务是准备研究方法和资料，以解答问题、验证假说；第三个任务是列出与开展研究有关的具体计划内容，包括工作方案、时间进度、任务安排等。

这里的研究设计与通常所讲的主要包括计量模型和估计方法的研究设计不同。相比之下，我更希望突出研究设计的另外两个基本功能：一个是强调假说检验在研究设计中的目标导向作用，另一个是强调从多方面来探讨和准备研究设计工作。图5.1用靶子、弓和箭形象地概括了研究设计所包含的元素以及它们之间的相互关系，其中，靶子代表"假说"，表明研究设计的目的是检验假说；弓代表"分析框架"，表明研究设计建立在一定的理论基础之上；箭代表"计量模型""数据""变量选取""估计方法"和"相关检验"等，表明研究设计的实施需要一定的方法与条件来支撑。

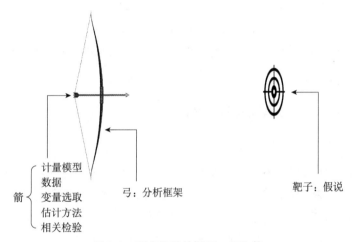

图 5.1　研究设计的靶子、弓和箭

研究设计包括两个阶段：第一个是思考阶段；第二个是写作阶段。与这两个阶段相对应，研究设计包含三层意思：第一层意思是指初步的全局筹划，这个阶段对应的是思考阶段。第二层意思是指在写作中如何更好地交代和呈现研究设计，它对应于写作阶段，即交代清楚该文的研究设计是什么。第三层意思是指在具体写作实证分析等研究内容时应对研究设计有所"留意"，注意对应，也就是说，研究内容中有一部分是研究设计落实的结果，应交代清楚研究设计与研究内容的联系。针对研究设计的思考和写作两个阶段各自的特点和作用，我认为这两个阶段的侧重点有所不同：

在思考阶段，应重点剖析从思维上如何进行研究设计；在写作阶段，应重点考虑如何将与研究设计有关的内容准确地表述出来。

本讲将在上述认识的基础上主要讨论两个问题：第一个问题是如何筹划研究设计，即如何调动各方面的因素来实现研究目标。首先，应讲清楚研究设计是什么。直观来看，可以用分析框架图、研究设计图和研究技术路线图从不同方面来"展示"研究设计所应包含的内容；其次，要讲清楚如何做研究设计。第二个问题是如何在论文中将研究设计交代清楚，对此，我将在"研究设计写作的要点与检查标准"这一节依次阐述如何具体来写分析框架、计量模型、数据和变量选取等部分。

（二）为什么要有研究设计

研究设计因研究目标而存在。一项研究的目标就是检验假说，而研究设计就是针对该目标所做的考虑与部署，尤其是在方法方面要能提出检验假说的思路、策略和步骤。研究设计于一项研究的具体作用有三个：第一个是指导性，即提供检验假说的总体部署和具体的研究步骤；第二个是论证性，即呈现并论证该研究的研究过程以及研究思路的合理性和创新性；第三个是工具性，即针对所要检验的假说，研究设计需要提供相应的经验材料（如样本或案例等）和手段工具。

具体到一篇论文，研究设计是整篇论文的"骨架"，观点、论证及材料就是论文的"血肉"。在我看来，这个骨架由三个图组成，它们分别是分析框架图、研究设计图和研究技术路线图（后文将对这三个图进行具体阐述）。从骨架来看，研究设计的作用主要有：第一，在"目标"与"手段"之间建立起行动联系；第二，将实现目标的研究步骤具体划分为几个环节，从而有助于从"分析技术"上检查假说检验的过程和最后结果。

研究设计体现的是作者专业的研究能力与水平。可以肯定的是，一项研究或一篇论文如果没有向读者交代其研究设计，那么其研究的合理性和可行性就会令人怀疑。在这个方面，研究设计要写出一种"设计感"来。这种设计感首先建立在尊重该领域的研究传统、符合逻辑自洽性的基础之上。一篇论文有设计感，是其赢得同行学者认可和赏识的关键。通常，我们所听到的研究设计感不强或研究设计生硬，其实说的就是检验假说时构思不够精巧或者思考不够周全。

（三）研究设计的重头戏是研究方法

研究方法是研究设计中最核心的一部分，很多时候会被单独拎出来讲。这里所探讨的研究方法，主要是指检验假说的研究思路、策略和工具。在计量实证中，方法具体指的是计量模型、估计方法和相关检验。研究方法是针对研究问题的，要贴切。所谓贴切，是指研究方法一定要与研究问题相匹配，能为研究某个具体问题服务。一项严谨规范的学术研究，必须用严谨规范的方法来支撑。

尽管研究方法不等于研究设计，但研究方法是研究设计中的重要部分。尤其是在论文写作过程中，作者应重点介绍研究方法，尤其是研究方法的具体运用。在这方面，罗列一大堆的研究方法（尤其是不相关的）是没有必要的。

从认识上讲，研究方法写不好的可能原因主要有三个：第一，忽视了研究方法是为验证假说服务的；第二，忽视了研究方法应具备的可复制性、可沟通性、可检查性；第三，忽视了研究方法是可比较的，有优劣之分。

1. 研究方法的重要性

从设计的角度来讲，研究方法的重要性具体表现在以下两方面：第一，研究方法是为研究目标服务的，一项研究最重要的目标是问题提出与假说检验，其中证伪是要义，研究方法就是为假说检验提供手段；第二，好的研究方法能够体现研究的创新性，并对创新性进行论证，而一项研究的价值正在于其创新性。

从写作的角度来讲，写好研究方法的必要性与重要性在于：研究方法是研究结论的技术保证，就某项研究而言，研究方法反映的是研究者的"动手能力"。在学术界，被人质疑"动手能力"是最被动的！

2. 什么是研究方法

从研究设计层面来讲，研究方法有以下三层含义：第一，研究方法是思维方式，强调对概念、变量之间可能关系的认知与猜想，验证是交流、引证和创新的必由之路；第二，研究方法也是一种"实验"，在这方面，自然科学强调可控制与可重复，人文社科强调可沟通；第三，研究方法是技术手段，为验证命题服务，且具有可比性。

研究方法，广义地讲是研究设计的一部分，狭义地讲是分析技术手段。研究方法作用的对象既可以是抽象概念，也可以是数学符号、经验素材（如数据或案例）等。以计量实证论文为例，其研究方法包括以下具体内容：①数据、变量及指标等，它们是计量实证研究的"经验素材"；②计量模型，如 OLS 模型、面板数据模型、离散选择模型等；③具体估计方法，以微观计量为例，有工具变量法、Heckman 两阶段法、分位数回归法、PSM 模型、DID 模型、断点回归方法、合成法等。

（四）一些说明

写研究设计这部分内容时，初学者常常搞不清研究设计与研究内容、研究方法之间的关系。从这个角度来讲，有必要明晰一下它们之间的关系。

1. 研究设计与研究内容之间的关系

从内容呈现顺序来看，研究设计与研究内容的关系是：先有研究设计，后有研究内容，即先在思维上有了研究设计，然后是具体操作，最后由文字呈现出研究内容。换言之，研究设计是蓝图和设想，而研究内容是实施的结果。

研究内容是研究设计的具体体现。如果按照研究设计的步骤去执行，将其实施的过程和结果记录下来就是研究内容。尽管研究内容与研究设计关注的焦点都是问题或假说，二者还是有些区别。具体而言，围绕问题，研究设计更在意的是研究这个问题的分析框架、具体思路以及需要关注的细节等；研究内容更在意的是涉及这个问题的理论和概念、产生来源、具体表现形式及该问题的理论含义等。有时候，如果感觉研究内容没有什么好写的，原因可以从研究设计方面来找。例如，对所要检验的假说以及如何检验准备不认真、不充分，导致将其他地方的内容挪放到研究设计中来，甚至有些初学者将研究目标句和研究问题句也挪用到了这里。

2. 研究设计与研究方法之间的关系

研究设计强调的是对整个研究的安排，而研究方法针对的是某个具体的研究目标。二者的关系是，研究设计是全面的考虑和部署，而研究方法则关注其中的某个重要方面。二者应该兼顾：既要交代清楚研究设计的总体思路，又要交代清楚具体方法的选择依据，尤其是该方法与问题和假说之间的匹配性。

研究设计涵盖研究方法，前者范围大，后者范围小，单讲研究方法恐怕难以交代清楚作者对研究设计的整体考虑。应该看到，通常所讲的研究方法将注意力都集中在检验假说的具体方法上,而对假说、分析框架等方面关注不够。此时,分析框架(尤其对理论基础的考虑)与检验假说的关系在研究方法中就没有得到有效、充分的体现。这种关注不够所带来的不利后果至少有两个:一是无法明确理论内在自洽性的边界在哪里,即无法明确最初提出的假说和最后检验出来的假说是不是一回事;二是同一实证结果有可能同时支持待检验假说与其他竞争性解释,而多种解释通常又很难放在同一理论框架之内,例如待检验假说的理论基础是 A 理论,某个竞争性解释的理论基础是 B 理论,A 理论和 B 理论显然无法共存于同一理论框架之中。

单讲研究方法而不全面考虑研究设计的另外一种表现是对假说、模型和数据的统一性重视不够,假说和模型中的自变量、因变量与数据中的相应指标未能对应起来。在这方面,数据指标能否与假说和模型匹配起来,也和数据样本结构有关。例如,在农户正规借贷行为调查数据中,如果数据样本结构是正规借款者与非正规借款者,那么这样的数据结构无法支撑因变量是农户正规信贷需求的实证研究,因为与后者匹配的数据结构是有正规信贷需求者和没有正规信贷需求者。这种对三者统一性重视不够带来的直接后果就是:①对假说检验中的概念难以进行操作化,这说明要从经验上检验理论假说难度较大;②对数据样本结构的考虑不够,例如数据样本结构对于因变量的变化具有至关重要的作用,而这一点在实证研究中常常被忽视。

三、怎样完成研究设计

研究设计在一项实证研究中所起的作用是指导研究者展开具

体的假说检验工作。针对假说检验，研究设计可以"具象"为三个图：分析框架图、研究设计图和研究技术路线图。这三个图有助于研究者检查自己思考和研究的过程是否合理，也有助于别人认识和理解论文的思路、内容及观点。初学者需要学会如何合理地搭建这三个图。每位研究者都需要问一下自己：这三个图是什么、有什么用、怎么搭建。很多时候，尽管在文中不一定要呈现出这三个图，但在脑海里还是应该有的。

（一）分析框架图

1. 是什么

一般而言，分析框架图是在讲研究者基于某个理论对某个研究对象的行为逻辑的认识和理解，这种行为逻辑一般可以用机理或机制表示。不过分析框架图有些时候也可以是概念性的，即没有明确的理论直接对应。关于分析框架图，有三点值得重视：第一，这个图瞄准的是针对某个具体研究对象的假说，它体现的是对所考察假说的某种理论猜想；第二，这个图应有理论指向，本质是在讲理论，而不是就事论事，因此选择理论很重要；第三，图中所使用的工具是概念或变量，用它们之间的逻辑联系来阐释作用机制。

2. 有什么用

分析框架图的指导作用是，选出一个更合适的理论（或理论视角）来缩小分歧或改善不足，同时也借助理论将假说的内在逻辑概括和提炼出来，供计量分析进一步检验。

3. 怎么搭建

搭建分析框架图时要明确两点：一是选择的理论是什么；二是概念（或变量）之间的逻辑关系是什么。分析框架图所使用的概念或变量术语应做到与假说对应,要直观且简洁地呈现。其中,要特别注意箭头的方向及其逻辑含义。

【示例】杜勇、张欢、陈建英:《金融化对实体企业未来主业发展的影响:促进还是抑制》,《中国工业经济》2017年第12期。

综合上文分析,实体企业金融化对主业发展的影响在理论上存在两种截然不同的解释,其净效应则取决于"蓄水池"效应和"挤出"效应之间的相对大小,而外部的货币政策、金融生态环境则又可能增强或减弱"蓄水池"效应和"挤出"效应,进而调节金融化和实体企业主业发展的关系。本文的分析框架如图5.2所示。

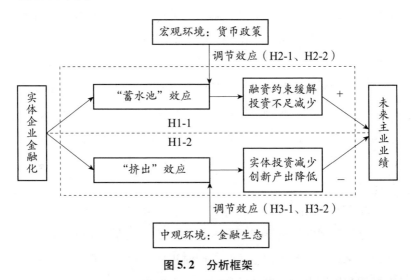

图 5.2　分析框架

评析

第一,分析框架部分提供了什么?该文这一部分的主要内容有两个:一个是假说,另一个是假说的理论基础。该文提出了6

个假说，其中 H1-1 和 H1-2 是"主"假说，而剩余的 4 个属于调节效应假说。具体可参见图 5.2。同时，该文也提供了相应的理论基础，如文中"实体企业配置金融资产的微观机理"部分。

第二，假说是什么？假说就是针对某个问题在理论上的猜想或阐释。就这篇论文而言，其关心的问题是：实体企业配置金融资产的动机是什么？文中提出的蓄水池效应和挤出效应其实就是针对这个动机进行的不同猜想。

第三，假说的理论基础是什么？该文作者在文中明确交代："在本文中作者对金融化与未来主业绩效之间的关系尚不确定，留待于实证检验。理论层面而言，实体企业投资金融产品会对主业业绩带来正反两个方面的影响。一方面，企业运用部分闲置资金进行短期的金融资本投资可以盘活资金，增加企业资产的流动性，实现资本的保值、增值，在一定程度上能够预防未来用于主业投资的资金出现短缺的情况，从而促进实体企业主业的发展，本文将这一影响称为'蓄水池'效应；但另一方面，实体企业将资源过多地用于金融以及房地产投资，使得企业缺乏足够的资金进行设备更新升级以及产品的研发创新（谢家智等，2014；王红建等，2016；Tori & Onaran，2017），进而抑制企业主业的发展，即金融化也具有'挤出'效应。因此，金融化对实体企业主业发展影响的方向并不确定，二者之间的关系是一个需要解决的实证问题。"

第四，针对 A 和 B 两个事物，可以提出两个以上的假说，如该文中"H2-1"假说和"H2-2"假说。这两个假说是直接相对的：前者认为"宽松的货币政策会增强金融化的蓄水池效应"，其依据是，在企业政策宽松时期，管理者会选择更多的金融资产，可以释放更多的流动性来补充主业投资；而后者认为"宽松的货币政策会增强金融化的挤出效应，抑制蓄水池效应的发挥",其依据有两个:一是货币政策宽松时期,管理者对市场预期较好,投资心理增强;二是货币政策紧缩时期,管理者在投资决策上会更加稳健谨慎,与此同时,外部债权人会加强贷前审查和贷后监督,对管理者利用信贷资金进行资本炒作是一种约束。

第五,对每个假说的逻辑推演都应有论证。该文主要借助已有文献展开论证,针对每一个假说,该文都有相应的具体阐释。更详细的内容可参见该文中"二、理论分析与假设提出"部分。

(二) 研究设计图

1. 是什么

研究设计图展示的是借助数据和模型检验假说的思路和方法。一个研究设计图中至少要包括三个元素:第一个是待检验的一个或多个假说;第二个是检验假说的经验素材,如数据或案例等;第三个是检验假说的思路和方法。

2. 有什么用

研究设计图的指导作用是,将假说、计量模型、数据及变量与指标统筹起来考虑如何实施对假说的检验工作。

3. 怎么搭建

研究设计图体现的是对假说的检验思路。构建该图需要注意两点:一是检验的假说是什么;二是用什么方法或思路来做检验。研究设计图要作出"思想实验"的感觉,它体现的是一种证伪思路。

【示例】高闯、关鑫:《社会资本、网络连带与上市公司终极股东控制权——基于社会资本理论的分析框架》,《中国工业经济》2008年第9期。

本文对上市公司终极股东及其控股权进行追寻的逻辑起点是大股东的社会网络连带，在细致地识别其社会网络连带的基础上，探寻其是否通过动员这些社会资本（特别是信任）获取上市公司的实际控制权，从而实现对上市公司的实际控制，成为上市公司终极股东（如图5.3）。

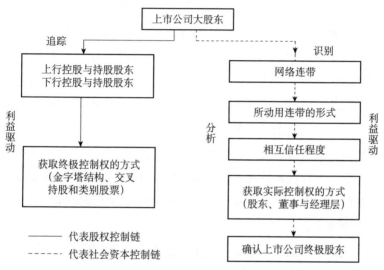

图5.3 上市公司终极股东的识别与分析逻辑

评析

第一，研究思路是什么。该文作者首先界定了社会资本的基本内涵及组构，这为后面呈现社会资本控制链的内在逻辑提供了概念准备；然后交代了有关上市公司终极股东控制权研究的新思路。所谓"分析框架"，实际上提供的是观察和分析某个研究对象的新角度和新思路。

第二，所提出的假说是什么。该文作者认为，"本文对上市公司终极股东及其控股权进行追寻的逻辑起点是大股东的社会网络连带，在细致地识别其社会网络连带的基础上，探寻其是否通过动员这些社会资本（特别是信任）获取上市公司的实际控制权，从而实现对上市公司的实际控制，成为上市公司的终极股东"。

第三，该文的研究设计图及其所包含假说的"新"体现在四个方面。①理论认识上的新。该文关注的议题是"谁是上市公司的实际控制权所有者，如何准确识别"。在这个方面，有一种主流的角度和方法是股权控制链分析范式。相对而言，该文所提及的社会资本控制链范式是新的角度。②它的主体是某种逻辑关系，其元素是概念。该文中提及的重要概念是社会资本和弱连带。③它是有针对性的，也就是说，既然是新理论，那老理论也应该提及。该文对股权控制分析范式也有一定的阐释与评价。④应全面地看待这个新，即优势是什么，弊端是什么。例如："尽管股权控制链分析范式具有诸多优点，但它的缺陷也几乎是致命的。仅凭股权控制链无法完全揭示终极股东的隐蔽性，难以精确度量终极股东对上市公司的实际控制程度，即使是谨慎考察了家族控制情况。"

更详细的内容可参见该文中"上市公司终极股东控制权研究的新思路"部分。

（三）研究技术路线图

1. 是什么

研究技术路线图将在具体研究部署上落实分析框架图和研究设计图里面的假说检验及相关筹划工作，它体现的是具体准备和行动。该图的核心和基础是研究设计，要体现出问题、假说以及对假说进行检验的工作部署、程序及环节。研究技术路线图瞄准的是实现研究目标的工作步骤，并将其进行分解。这就要求研究技术路线图要做到：其一是目标导向，所有工作环节都要指向目标，为实现目标服务，工作环节之间要有逻辑性和递进性；其二是要体现整个研究工作的重点，通常研究技术路线图都是按重点分节或分块排列，从而表现出阶段性和层次性。

2. 有什么用

研究技术路线图是在时间顺序上，根据研究条件对研究设计进行部署和安排。研究工作不可能一蹴而就，这就涉及具体步骤的问题。研究技术路线图首先应该显示的是对假说检验工作进行分解的具体部署。该图有三个作用：一是将研究工作分出节点来；二是对假说的分解，即一个核心假说可以分为几个子假说；三是对单个假说的检验，要能体现出检验思路。

3. 怎么搭建

研究技术路线图应有始有终，即按照某个思路或步骤，经过一步一步的具体行动，最后可以实现研究目标。例如，这个目标可以是试图接近的某种状态，如"公平"或"效率"，或者是提出政策建议之类的。在研究技术路线图中，要能用图示的方式将研究问题、研究内容及方法、研究目的直观地展现出来。画研究技术图时应注意以下四个方面：第一，要把待检验的命题在路线图中明确显示出来。在整个图中，要将主要内容突出展现出来。第二，箭头线最好是单向的，最终指向研究目标。第三，图要有层次感，而不是简单地堆砌，可以用虚线或方框将一个整图分为几个模块。就像行军打仗路线图一样，最好要有路线，用步骤来体现，建议使用"①②③"这样的数字顺序符号"点出"步骤。同时，方框和线条不宜太多，否则看上去容易乱。第四，要有解释性文字来阐述图中的内容及其关系，而不是一个光秃秃的图，让读者自己来猜。

【示例】国家自然资金项目"成员主导性金融组织治理研

究"(项目批准号：71473227)申请书。

根据上述研究目标和研究内容，本项目的分析思路是：文献回顾→研究目标与研究思路确定→提出分析框架→治理问题研究→治理制度匹配性考察→治理制度有效性检验→治理制度设计与完善→基于上述分析结果，得出结论并提出相应的政策建议，具体见图5.4的研究技术路线图。

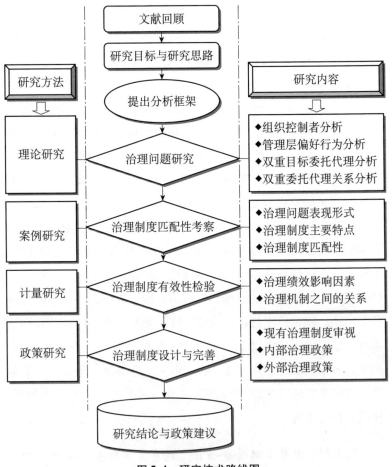

图5.4　研究技术路线图

如图 5.4 所示，本项目具体将按照如下思路展开：首先提出了一个将治理问题、治理结构、治理机制以及治理绩效有机整合起来的治理分析框架。在该框架下，本项目在委托代理理论的基础上理论分析净储蓄者—净借款者之间的关系（即组织控制者分析）、管理者支出偏好行为以及此类组织特有的多目标与多委托代理关系。接下来，通过对村级发展互助资金、社区发展基金以及农村资金互助社进行案例研究，概括成员主导型金融组织治理问题的具体表现形式及其治理结构与治理机制的特点，并在此基础上考察治理结构与治理机制之于治理问题的匹配性。根据案例研究提供的特征事实，本项目将进一步实证检验成员主导型金融组织治理制度的有效性，即治理结构与治理机制是否具有解决治理问题、提升治理绩效的有效作用。围绕治理问题，本项目还从内部治理与外部监管两方面探讨了设计、完善成员主导型金融组织治理制度的政策建议与可能路径。最后，在分析结果的基础上得出结论并提出相应的政策建议。

评析

第一，有明确的目标。这一点体现在图 5.4 的"研究目标与研究思路"和"研究结论与政策建议"两个方框之中。

第二，有明确的研究步骤。根据图 5.4，整个研究分为五大部分：提出分析框架、治理问题研究、治理制度匹配性考察、治理制度有效性检验、治理制度设计与完善。这五个方框从上至下都用单向箭头连接。

第三，有具体的研究方法做支撑。根据图 5.4，针对治理问题研究、治理制度匹配性考察、治理制度有效性检验、治理制度设计与完善这四个部分，拟分别采用理论研究、案例研究、计量研究及政策研究等方法。

构建上述三个图的过程中应注意：①研究设计的核心是假说及其检验，假说是观点的主体，上述三个图应围绕假说展开。②提醒自己是否在思维上做到了清晰简洁。如果这三个图在脑海里还比较杂乱，图中的文字还很多，则需要逐步完善。③查缺补漏，看看自己是否遗漏重要内容、还缺什么条件等。关于上述提及的这些内容，都可以通过找一些范文来研读、揣摩和体会。

画好上述三个图的基本条件有两个：一个是理论基准，另一个是研究工具和手段。在准备研究设计的过程中可以发现，如果平时学习过程中不重视对理论和方法的学习与积累，那么真正行动起来时，就会捉襟见肘——没有理论基准，要画一个分析框架图都困难。同样，如果缺乏有效的研究工具和手段，那么即使能提出一个好的假说，也无从下手去检验它。显然，这两点都需要在平时留意并下大功夫来修炼。

（四）研究设计的动作、对象及功能

如前所述，研究者脑海中应有分析框架图、研究设计图和研究技术路线图。搭建分析框架图所使用的动作是选择和阐释，选择的对象是理论，阐释的对象是新假说。该图的功能就是要确立待检验假说的具体内容，借助理论将假说"转化"为待检验的因果关系，关键是要做好假说中的概念与因果关系中的因变量、自变量之间的对应。搭建研究设计图就是要将计量模型、数据、变量等组织和匹配起来，为后续实证分析提供识别与推断因果关系的框架及策略，这个工作既要遵循学术传统与规范，也要考虑具体的研究场景和条件。研究技术路线图要对研究内容进行分解，将研究步骤分为一个一个的具体环节，进而落实检验因果关

系的步骤与顺序。表 5.1 是研究设计部分的动作、对象及功能的总结。

表 5.1 研究设计的动作、对象及功能三要素

内容	动作	对象	功能
分析框架图	选择、阐释	理论和新假说	确立待检验的因果关系
研究设计图	组织、匹配	计量模型、数据、变量等	提供因果关系识别与推断的框架及策略
研究技术路线图	分解	研究顺序、步骤	落实检验因果关系的顺序与步骤

四、研究设计写作的要点与检查标准

(一) 分析框架

如前所述,分析框架为验证假说、比较竞争性解释以及进行理论对话提供了平台或背景,决定了"讲故事"及分析的顺序、内容和重点。在构建分析框架这部分内容时,需要注意以下三个方面:

1. 界定核心概念

通常,一项研究中往往包含一个或几个核心概念,有必要对这些概念的含义进行准确界定和说明。

2. 选择理论

搭建分析框架的关键是选对理论。写作时必须交代清楚所采取的理论视角或理论基础是什么,阐明是在什么理论框架下展开分析,或者是从哪种理论视角出发的。

3. 简洁性

分析框架是对整个研究分析思路的部署与安排。不管它是理论性的还是概念性的，它在形式上都应该是简约的，而不应很复杂。

分析框架这部分写不好的原因常常有两个：一是目标不明确。为了解决这个问题，有必要在画出分析框架图之后，用一段文字简要阐述这一部分的"火力攻击点"在哪里，想要解决一个什么样的问题，解决的具体思路是什么，在解决的过程中可能会遇到什么难题，以及自己处理这种难题的"绝招"是什么。总之，需要有一段"全局观"的文字，把方方面面的情况提前预告一下。二是中心不突出。初学者往往把计量分析作为一项因素分析，忘记了研究工作的目标是提出并检验假说。分析框架应该有中心，这个中心就是假说检验，其他内容都是为中心服务的。

【示例】刘西川、钟甄琦：《合作金融组织剩余控制权安排的另一种可能——分权型及半阁村实例》，《财贸经济》2018年第10期。

分析框架的具体内容

本文提出一个关于合作金融组织剩余控制权安排的分析框架，以实证分析分权型模式的现实逻辑及其运行条件。该分析框架的逻辑起点是成员异质性和组织特殊性，最终落脚点是此类组织的目标，即妥善解决风险问题，包括前提、环节、角色、行为方式和目标等内容（具体可参见图5.5），其中的分析重点是如何在成员中间分散地分配和实施剩余控制权，以及分配剩余收益的行为方式。根据成员参与组织活动的先后顺序，将组织活动分解为

"入股""借贷"和"收益分配"三个环节,其中,与入股环节相关的是剩余控制权分配,而与借贷环节相关的是剩余控制权实施,收益分配则与剩余控制权收益有关;相应地,在不同环节,成员将扮演不同的角色,如股东、理事会成员、借款者及担保者等。

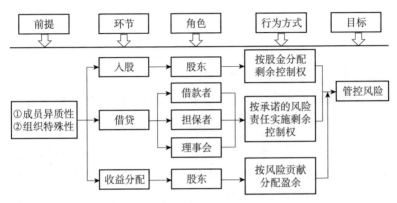

图 5.5 合作金融组织剩余控制权安排的分析框架

该分析框架的"比较优势"

该框架有以下几个特点。第一,它突出了剩余控制权应对风险的作用,将权利、风险、收益三者之间的对应作为剩余控制权安排的核心内容。第二,它考虑到了合作金融组织在资金业务、基于成员经济产权关系的风控机制、成员组织化等方面的特殊性。第三,在设计和考察剩余控制权安排时都考虑到了与风控机制的联系,即在入股环节分配剩余控制权时,就明确股金所承担的责任是为其他成员贷款提供担保责任;在放贷环节实施剩余控制权时,强调在较小的范围内通过成员股金提供担保来实施其剩余控制权;在收益分配环节,将剩余索取权和风险匹配起来,强调对剩余控制权收益的兑现。第四,在分配和实施环节,将剩余控制权视为可分的，承认在成员中间分散风险的可能，排除了将剩余控制权集中实施于某一人的单一情况。

（二）计量模型

如何才能写好计量模型这一部分？研究者最好在脑海里预先设想一个研究设计的框架，同时需要注意的是，计量模型仅是研究设计的一部分，这样写起来才能统筹考虑，并且注意到不同部分之间的呼应。通常，计量模型由自变量和因变量以及控制变量和误差项构成。在构建和选择计量模型时，研究者最应该关注的问题是谁是因变量、谁是自变量（一般而言，核心自变量只有一个，其余都是控制变量），以及误差项会出现什么问题。特别需要考虑的是，与这组因果关系最相关的理论是什么，是否存在竞争性的理论假说。在具体写作中，有必要在以下五个方面交代清楚。

【示例】 刘西川、杨奇明、陈立辉：《农户信贷市场的正规部门与非正规部门：替代还是互补》，《经济研究》2014年第11期。

1. 计量模型的选择依据

首先需要交代选择某个计量模型的依据，包括理论方面的考虑、文献上的参考或者是问题上的考虑等。即使是"遵循"他人的模型或方法，也要交代所选用模型和方法的合理性与科学性。至少应考虑：第一，该计量模型的理论基础；第二，该计量模型是否能有力地支撑研究设计；第三，该计量模型是否与所研究的问题、所使用的数据匹配；第四，该计量模型与所要检验的假说之间是如何配合的。

【示例】 本文在 Cappellari & Jenkins（2003）提出的多元 Probit 模型的一般框架下，构建四元 Probit 模型来联合估计正规信贷需求、正规信贷供给、非正规信贷需求和非正规信贷供给四个决策行为及其相互关系，其中重点考察两个信贷供给决策行为之间的关系。

2. 计量模型的完整表述

给出计量模型的具体形式，要有完整的公式、变量符号，对其内容都要有所交代，并保持前后一致。

【示例】

为了便于表述，以下分两个部门依次刻画借款农户和信贷供给者的决策行为。

$$\text{正规部门} \begin{cases} y_1^* = \beta_1' X_1 + \varepsilon_1 & y_1 \begin{cases} = 1, \text{如果 } y_1^* > 0 \\ = 0, \text{如果 } y_1^* \leq 0 \end{cases} \\ y_2^* = \beta_2' X_2 + \varepsilon_2 & y_2 \begin{cases} = 1, \text{如果 } y_1 = 1 \text{ 且 } y_2^* > 0 \\ = 0, \text{如果 } y_1 = 1 \text{ 且 } y_2^* \leq 0 \end{cases} \end{cases}$$

其中，y_1^* 代表农户申请正规贷款意愿的隐藏变量，y_1 代表农户是否愿意申请正规贷款的决策变量，y_2^* 代表正规部门提供正规贷款意愿的隐藏变量，y_2 代表正规部门是否愿意提供正规贷款的决策变量，在这种情形中，第二个因变量 y_2 只有在第一个因变量 y_1 等于 1 时才能观测到。

$$\text{非正规部门} \begin{cases} y_3^* = \beta_3' X_3 + \varepsilon_3 & y_3 \begin{cases} = 1, \text{如果 } y_3^* > 0 \\ = 0, \text{如果 } y_3^* \leq 0 \end{cases} \\ y_4^* = \beta_4' X_4 + \varepsilon_4 & y_4 \begin{cases} = 1, \text{如果 } y_3 = 1 \text{ 且 } y_4^* > 0 \\ = 0, \text{如果 } y_3 = 1 \text{ 且 } y_4^* \leq 0 \end{cases} \end{cases}$$

其中，y_3^* 代表农户申请非正规贷款意愿的隐藏变量，y_3 代表农户是否愿意申请非正规贷款的决策变量，y_4^* 代表非正规部门提供非正规贷款意愿的隐藏变量，y_4 代表非正规部门是否愿意提供非正规贷款的决策变量。同样，要观察到非正规部门的供给行为（y_4），其前提条件之一是 y_3 必须等于1。

3. 要交代估计方法

有些时候，研究者不交代所采用的估计方法，以为读者知道，这是不妥的。

【示例】 由于一般计算方法难以估计上述似然函数，我们在实际估计中采用模拟极大似然方法，具体则采用 Cappellari & Jenkins（2003）提供的运算程序。

4. 计量模型检验假说的思路

最关键的是要具体阐述检验假说的思路和方法，例如对核心自变量是否显著、符号正负的含义等进行解释。

【示例】 本文在解读误差项相关系数的过程中将重点关注两个供给方程误差项 ε_2 和 ε_4 的相关系数 ρ_{24}：如果未能拒绝两个方程不相关（$\rho_{24}=0$）的原假设，则可对正规信贷供给方程和非正规信贷供给方程采用标准的单方程进行估计。如果 ρ_{24} 在统计上显著异于零，则说明采用联立估计具有合理性。并且，如果相关系数 ρ_{24} 的符号为正，说明两种信贷供给行为存在相互促进关系，如果为负，则说明两种行为存在相互阻碍关系。

5. 对关键计量问题的处理方法

在运用多数计量模型进行估计的过程中，研究者都会遇到诸多计量问题的困扰,如内生性问题等。此时,仍有必要交代一下研究者处理这些计量问题的具体思路。

【示例】 四元 Probit 模型的优势主要体现在:一是研究者能够借助该模型考虑到不同利益主体行为之间的影响,如正规供给者在放贷决策中不仅会考虑农户对正规信贷的需求,还会考虑农户对非正规信贷的需求以及非正规部门的供给行为;二是研究者能够通过估计方程误差项的相关系数来考察不同行为之间的关系,进而有效克服不可观察农户特征对估计的不利影响。

(三) 数据

在实证分析中,数据是"王道"。没有数据,就是"巧妇难为无米之炊"。数据是变量及其指标的信息载体,是运用计量模型识别和推断现实世界经济规律的经验基础。从逻辑上讲,一个事物(如 A)不能证明它自身的存在,要想证明 A 的存在,必须引入另一个事物(如 B)。检验假说亦是同理,即要进一步检验基于 A 数据检验通过的假说,必须引入新的数据,如 B 数据。从这个角度来讲,可以从数据的不同来审视假说及检验假说所面临的挑战以及不同理论解释之间的差异。数据为检验假说提供经验素材。有了数据之后,研究者应了解、熟悉数据的结构和内容,将数据(信息及指标)与研究问题、待检验假说之间的关系在脑海里不停地复盘,并在不断操练的过程中增强对数据的认识和敏感性。

数据包括两大类:实验类数据与非实验类数据。在计量实证分析中,因果识别与推断面临的数据难题是,在经验世界里无法观察到同一样本真实发生行为的"反面",即"一个人不能两次踏进同一条河流"。所谓实验类数据就是试图从随机化和控制的角度来解决这个难题。而基于非实验类数据所做的计量实证分析则将上述难题归结为遗漏变量问题，由此发展出来的一系列计量方法（如工具变量法等）都试图克服这个难题。通常我们所能使用到的数据主要包括截面数据、时间序列数据、面板数据、准实验数据和匹配数据等。

使用数据检验假说，以下两个方面值得思考和重视。

第一，有必要了解数据的生成过程。以农户借贷行为为例，首先是某个样本有了资金缺口和借款动机，然后该样本考虑向某个金融机构申请借贷，机构审查之后考虑是否放贷。通常，研究者作为局外人能获取的调查信息是该样本是否得到贷款以及贷款合约内容等。如果以这些信息来推断农户的信贷需求，就存在缺陷，因为从最终的贷款数据来看，有一部分需求因隐藏或抑制而没有表现出来。因此，了解数据的生成过程对于解决相关计量问题（如样本选择偏差问题）、计量模型选择及变量选择等都是十分重要的。同时，还要结合数据的生成过程，考量数据是否与所检验的假说和所选择的计量模型相匹配。譬如，如果所检验的假说可能存在比较严重的随时间变化的内生性问题，那么此时选择截面数据就不妥。

第二，关注数据的信息内容与样本结构。研究者应关注所使用的数据是否提供了计量分析所需变量及其指标的相关信息，同时，还应从数据收集和样本结构方面考虑该数据在质与量上是否能支撑假说检验的工作。

【示例】程虹、陈川、李唐：《速度型盈利模式与质量型盈利模式——对企业经营绩效异质性的实证解释》，《南方经济》

2016年第6期。

基于2015年"中国企业—员工匹配调查"（CEES）数据，本文试图就质量能力对于企业经营绩效的影响、"速度型盈利模式"与"质量型盈利模式"企业是否存在质量能力异质性等问题进行稳健地因果推断。CESS调查基于我国2013年第三次经济普查的企业名单，通过随机分层方式抽取广东省13个地级市作为调查区域，最终抽取其中的19个县（区）的800家企业作为调查单元，并根据企业员工总数随机抽取6—10名员工作为调查样本。最终该调查共计获取了570家企业、4988名员工的有效样本。

【示例】黄祖辉、刘西川、程恩江：《贫困地区农户正规信贷市场低参与程度的经验解释》，《经济研究》2009年第4期。

与常规的农户借贷行为调查不同，该调查采用了最早由Feder et al.（1990）和Jappelli（1990）提出的意愿调查法，从而满足了本文所采用的需求可识别双变量Probit模型对数据提出的要求（详细情况可参阅下面对因变量设置的讨论）。

【示例】刘西川、陈立辉、杨奇明：《农户正规信贷需求与利率：基于Tobit III模型的经验考察》，《管理世界》2014年第3期。

本文使用的数据来自"浙江省农户金融行为研究课题组"2013年1月在浙江省9个地区开展的农户调查，这9个市分别是温州市、台州市、衢州市、丽水市、杭州市、金华市、湖州市、宁波市、绍兴市，该调查收集了样本农户2012年的借贷行为相关信息。本文所使用的数据具有两个独特优势：一是时效性强，数据包含了2012年度农户借贷活动的信息，能够反映农村信贷市场的近期特征；二是针对性强，浙江省农村经济发展水平和市场化程度都很高，农村信贷市场尤为活跃，可以说是目前检验利率需求弹性最为理想的经验场所之一。

（四）变量选取

实证分析的核心是对假说的检验，检验工具主要是数据和计量模型。假说是对某种因果机理或机制的概括，它一般由两个变量组成：一个是因变量，另一个是自变量。从时间顺序上看，两个变量组成的关系是单向因果关系。在实证分析过程中，针对某个由自变量和因变量组成的假说，研究者选取能表征这两个变量的具体指标，并利用合适的数据和计量模型对这两个变量组成的因果关系进行估计和推断。此外，在实际操作中，研究者还会选择一些控制变量及其表征指标。由此来看，能否选出合适且有效的指标来表征所要考察的因变量和自变量就至关重要。

论文中的变量及指标选取部分至少要做到：①依次交代因变量、自变量和控制变量的具体名称及含义，其中最重要的是因变量，这个常常被忽视，最好能制作一个变量定义说明表，将上述三类变量汇总起来。②交代与因变量、自变量及控制变量相对应的指标，这些指标在所使用的数据中都是可观察和可量化的，无论是变量还是指标，都需要给出合理的选择依据，比如引用已有研究文献来做支撑。③要写出一种"设计感"，即为了检验因变量与自变量之间的因果关系，如何借助控制变量、计量模型和相关数据来做"实验"，检验所提出的假说，其中关于假说预期方向的探讨要结合已有相关研究。④要体现出"挑选感"，即变量和指标都是经过精挑细选的，是在众多方案中挑选出的与本研究最匹配的变量及指标。

变量选取部分的难点是将变量可操作化，即寻找合适的指标来表征变量。除了上述经验性要求，在变量及指标选取方面还应该注意以下几个方面：

第一，指标与变量在含义上是否一致。如果选择的表征变量指标与变量的含义相去甚远，那么，用这样的指标及相关信息"拟合"出来的"估计图景"就很难揭示数据的真实状况，自然也就难以作为推断因果关系的经验证据。

第二，变量要有"变化性"。计量实证分析是从变量以及变量之间关系的变化中探寻和揭示规律的。倘若表征某个自变量的指标没有变化，或者针对全部样本观察对象或一部分样本观察对象而言该指标都是一样的，此时就无法利用计量模型捕捉、估计该自变量对因变量的影响或冲击。

第三，分析层次要保持一致性。分析层次的一致性主要针对所考察的因变量和自变量而言，要求表征它们的指标在同一个分析层次。具体来说，如果一个指标是加总的，而另一个指标是个体的，则从本质上讲，这两个指标所代表的变量并不是同一层次的。

第四，主观性与客观性。通常，微观计量分析的对象主要是人的经济行为，估计和识别的也是人的经济行为及其规律，也就是说，所检验假说中的自变量是与因变量相关联的某种行为变量或态度变量，而不是人口学变量（也称为个人背景变量，如性别、年龄、文化程度、婚姻状况等）或环境变量。研究者一般不太关注人口学变量和环境变量对因变量的影响或冲击，因为这些并不是被考察的当事人所能改变得了的。从这个角度来讲，在实证分析中，对控制变量估计结果的解读不宜作为考察和讨论的重点。

(五) 检查的标准

检查的标准之一是考察研究方法的目的性。目的性主要是指研究方法于研究目的的针对性。一般而言，针对性越强，目的性就越强。从研究经验上看，脱离目的的研究方法不是零散的，就是针对性不强。针对性的关键是看研究方法是否与问题相匹配，即通常所讲的问题意识要突出、方法与所检验的假说要匹配，不要出现"用勺子来吃面条"的现象。研究方法一定要与研究问题相对应，且这个问题又是别人感兴趣的。这个匹配建立在对问题深刻领悟的基础之上，关键还是要看研究者的理论认识水平。

检查的标准之二是考察研究设计的具体性。进一步检查研究思路、策略和手段及步骤是否交代清晰、是否明确和具体。不仅要简洁地说明研究设计的实质内容，还要能讲清楚选择设计的依据、具体方法的步骤和关键细节等。

检查的标准之三是考察研究设计的经验性。同行专家的经验认可很重要！能够令同行接受并认可的标准是：研究设计的内容、重点及关键细节做到交代完整、细致和周到。尽量做到别人能考虑到、能做到的，自己也能考虑到并做到。这就要求研究者能从比较的角度来审视自己的方法选择。所谓比较，是指选择和阐述研究方法时要有证伪理念，避免自说自话，要能展开与其他方法或思路的对话。也就是说，研究设计这一部分不仅要尽可能地瞄准、聚焦研究目标，而且还要能为推进方法论创新做出一定的贡献。同时，要注意细节，特别要留意前人在这方面的经验与教训，可以站在同行的角度试想一下，如果换作他们，将作何考虑。

五、小结

研究设计既包括狭义上的研究方法部分，还包括假说验证和分析框架等。相对而言，广义的研究设计对研究目标以及整个研究的部署与安排考虑得更加周全和细致。研究设计的关键在于在界定清楚问题和待检验假说的基础上，提出一个新的检验假说的思路，这个"新"有几种表现，如视角新、数据新和理论新。满足上述三者，就可以说一个研究设计新颖和有创意。研究设计是检验假说在思维上的抽象体现，它首先是一种思维活动。一篇论文的水平很大程度上取决于作者研究设计的水平，看一个研究设计的水平，其实就可以预见到研究最终成果的水平。

研究设计是一个具体的技术活。研究设计是连接文献综述与实证分析的"桥梁"，它将文献综述提出的假说"转化"为待检验的因果关系，并为后续实证分析提供检验因果关系的框架、思路及具体策略与方法。研究设计的过程可以分为两个阶段：思考阶段和写作阶段。思考阶段的任务主要是搭建三个图：分析框架图、研究设计图和研究技术路线图。其中，分析框架图是重点，在这个图里，要把所检验的假说交代清楚，同时要选准理论，这是关键所在。写作阶段的任务是交代清楚以下内容：分析框架、计量模型、数据和变量选取等。也可以将思考阶段理解为"理论上"的，而写作阶段是"经验上"的。这部分的写作都要紧紧围绕假说检验展开。

如何培养研究设计能力呢？按照上面所讲的内容"照猫画虎"，也能写出一个像样的研究设计，但这仅是初级要求。如何才能更进一步呢？我认为，平时勤于思考、加强训练是有助于提高研究设计能力的。具体而言，第一，要考虑得更加全面。这里的"全面"有两层含义：一层是指研究设计内部的元素及其相互之间的关系一个都不能落下；另一层是指研究设计还要考虑到更多的因素，如理论、前人研究和经验证据等。第二，要从竞争性角度来思考研究设计。不得不说，在研究设计这个过程中，肯定会遇到挑战和障碍，大家都一样。这个时候，就要想想与同行相比，自己的研究设计是否有创新、如何脱颖而出。第三，研究设计能力不仅要在自己写论文的过程中得到锤炼，而且需要通过拆解和体会别人的研究设计得到提升，实际上，研究设计能力的提高很大程度上受益于同行之间的相互切磋。

思考与练习

1. 研读一篇自己感兴趣的实证论文，找出该文中研究设计所包括的具体内容，并对照本讲中所提到的研究设计各要素，说明该文是否存在某些缺失。

2. 一般而言，有分析框架图的实证论文会有相应一段或几段文字与之匹配。挑选一篇自己感兴趣且含有分析框架图的实证论文，遮盖住文中已有的分析框架图后反复研读论文，完成如下练习：（1）根据自己的理解画出该文的分析框架图，然后将自己画的图与原文的图做对比，找出异同；（2）根据文中给出的分析框架图，尝试用自己的语言对该图的内容进行文字阐述，并把自己写的文字与文中的文字进行对比，找出异同。

3. 研究方法是研究设计的重头戏。围绕某一个研究主题，寻找三五篇使用不同研究方法（如计量模型和估计方法等）的实证论文，找出并比较这些方法及其具体应用的差异。

4. 就计量和统计方面而言，研究设计最核心的就是要在模型及估计方法部分交代清楚如何利用估计结果的显著性识别并检验假说。搜集两篇实证论文，找出这两篇论文中检验假说的具体位置及内容。

第六讲　如何写实证分析

内容提要： 实证分析的常见问题主要体现在以下三方面：一是不明确实证分析的功能是检验假说；二是不会或不熟练实证分析的主要动作，如诊断性检验、识别与推断、解释和讨论等；三是不清楚实证分析作用的对象，即在不同环节要分析的具体问题是不同的。简而言之，就是未能把握住实证分析的功能、动作和对象。实证分析由以下三个元素构成：第一个是功能性元素，特指实证分析的检验假说功能；第二个是动作性元素，特指实证分析的诊断性检验、识别与推断、稳健性检验、解释与讨论等具体动作；第三个元素是对象性元素，特指实证分析的数据处理结果等作用对象。实证分析的前期准备工作涉及统计和计量方法技术、软件操作、理论基础及数据等。写清楚实证分析的前提是先把实证分析做出来，实证分析要紧紧围绕检验假说展开，步骤依次是：①通过描述性统计与诊断性检验为检验假说做准备；②通过基准回归检验假说；③通过稳健性检验和相关计量问题处理"保护"假说；④通过进一步讨论在更大范围验证假说。初学者要想写好实证分析，既需要恶补应该掌握而没有学会的方法、技术及操作，同时也需要在老师的指导和帮助下展开研读、揣摩和训练，以形成对实证分析的系统性认知。

本讲提纲

一、实证分析写作常见问题

二、什么是实证分析

  （一）基本构成

  （二）功能、动作与对象的"对应"

三、实证分析的前期准备

四、如何做实证分析

  （一）检验准备

  （二）检验假说

  （三）保护假说

  （四）讨论假说

五、实证分析写作的要点及示例

  （一）描述性统计

  （二）诊断性检验

  （三）基准回归

  （四）相关计量问题处理

  （五）稳健性检验

  （六）进一步讨论

六、小结

一、实证分析写作常见问题

第一，没有分析，或者分析不深入。没有分析的最明显表现就是将实证分析简化为结果报告或影响因素分析，把计量模型中的自变量从前到后说一遍，估计结果报告一遍，再逐一将显著性、符号及其估计系数的大小写一遍。分析不深入即虽然要讲的内容都有涉及，连控制变量都没有遗漏，可谓面面俱到，但给人的感觉总是缺点什么。分析不深入表现在：一是只重点关注了变量的统计显著性，而对它的经济显著性关注不够；二是对关键变量的显著或不显著的原因缺乏进一步的探寻。

之所以将实证分析从前到后写成了估计结果报告、影响因素分析，是因为初学者脑海里对实证分析的认识和理解还不够清晰，大多是简单地将估计结果当作医院开出的诊断书一般，视其为客观依据，将其"神圣化"。究其根源，没有分析的根本原因在于不知道实证分析是什么，尤其是不能从功能上认识和把握实证分析。实证分析的目标就是要将检验假说的功能发挥出来。搞不清楚功能，也就不知道它的最终目标和最终呈现，导致整个工作迷失了方向，不知如何发力。

第二，没有聚焦于假说检验。实证分析的功能是检验假说，但一些论文却未能在分析过程中紧紧抓住这个目标，由此所带来的后果是实证分析这一部分结构分散且缺乏层次感。

说到底，是初学者还不知道如何去分析和检验假说，其中最关键的原因是不知道分析和检验的具体内容。没有聚焦于假说检验，反映出初学者在处理实证分析时存在三个问题：一是不知道实证分析的功能——假说检验；二是不知道实证分析的具体动作——用什么行动来检验假说；三是不知道实证分析每一个动作所作用的具体对象是什么。

第三，不重视识别与推断。识别与推断是检验假说的关键，对它们"不重视"主要体现在两个方面：一是计量分析基本属于自说自话，没有提及与非实验数据和误差项相关的问题，缺乏从众多方案或解释中进行"挑选"的可能，而识别与推断的本质是在研究设计框架下对潜在可能结果的排除。没有考虑或处理内生性等问题所带来的后果就是无法清晰、干净地识别机制，此时试图检验的"机制"仍是模棱两可的。二是计量的识别与推断仅依赖于统计估计结果，但其实识别与推断还依赖于对理论及已有文献的相关讨论，如果缺乏这样的讨论，识别与推断就显得非常单薄。

实证分析最好能给读者一种"层层剥笋"的感觉，每一步都是试图从数据和经验证据角度来验证假说。实证分析主要由识别与推断两部分组成。识别是实证分析的基础，它需要将所预想的机制识别出来，这一部分很大程度上依靠统计与计量分析技术。而推断则是基于估计结果，依靠理论展开探讨。这一部分做不出应有效果的原因有两个：一是对实证分析的研究设计不过关，对识别与推断的障碍认识不足，工具箱里也缺乏相应的破解手段；二是对与估计结果相关的理论和文献掌握不够，从而无法展开必要的深入探讨。

第四，没有诊断性检验，或者有诊断性检验但没有认真交代检验思路及检验结果。诊断性检验的目的是"证明"计量模型选取及计量分析思路的合理性和可行性。计量分析的技术前提就是诊断性检验，它可以从数据和统计角度提供展开计量分析的方法论依据，是技术保证，甚至可以说是计量分析的"准生证"。一项规范的实证研究应从数据和统计的角度来解释所使用的计量模型是否合适。缺少这一部分，至少从统计角度来讲，后续的计量分析及其结论是不可信的。如果缺少这一部分，就表明研究者不了解或没有掌握相关的知识和技术，这时需要自身发挥主观能动性，积极弥补短板，完善知识结构。

第五，缺乏稳健性检验。一些研究者常常是仅报告完基准回归估计结果就草草收场，对基准回归之外会损害"可接受假说"的潜在威胁基本上没有考虑。稳健性检验体现的是证伪的理念，尝试在新的情境下，通过调换方法和样本等手段对假说进行再检验。目前，一些好的期刊都要求实证论文提供稳健性检验，专业审稿人也认为稳健性检验是专业研究能力的体现。

缺少稳健性检验，最直接的原因是初学者不知道、不懂这是什么，也不知道怎样进行，其次才是执行力达不到。执行力达不到是指，如果将稳健性检验纳入研究，那么就会对原有的实证分析造成冲击，因为不可能每个稳健性检验都那么"听话"。如果出现了稳健性检验与基准分析不一致的地方，如何解释和"自圆其说"就构成了对研究者专业能力的巨大挑战。

针对上述存在的问题，我将从"如何做"与"如何写"两个方面讲解有关实证分析的内容。同时，考虑到实证分析对执行力的要求比较高，专门开辟了一部分内容来讲讲如何做好实证分析的前期准备。突出实证分析前期准备工作的用意有两个：一是明确目标，在目标的指引下做好准备工作；二是提前准备周全，避免中间"掉链子"。

以下是本讲的内容安排：第二部分重点阐释什么是实证分析，其中特别强调了它所包含的三个元素。第三部分根据研究设计，从方法和手段两个角度阐述做好实证分析要做哪些前期准备。第四部分重点讲如何做实证分析，以因果关系的识别与推断为核心展开，实证分析分为检验准备、检验假说、保护假说与讨论假说四个步骤，它们既是行动的规范和动作技巧，又是检查的标准。第五部分讲如何将实证分析写清楚，具体思路是按照期刊论文的格式分六部分展开：先讲描述性分析、诊断性检验，然后是基准回归、相关计量问题处理和稳健性检验,最后是进一步讨论。

二、什么是实证分析

要做好并写好实证分析,首先应搞清楚什么是实证分析。我的理解是,实证分析就是瞄准检验假说这个目标,通过描述性统计、诊断性检验、基准回归、相关计量问题处理、稳健性检验和进一步讨论等动作,根据数据分析结果对待检验的假说展开分析。实证分析包括三个元素:功能性元素、动作性元素和对象性元素。实证分析就是上述三个元素的综合。在实证分析的过程中,上述动作所作用的具体对象是不同的,例如,描述性统计所针对的是简单的相关关系,而计量分析则是在控制住更多因素的基础上来估计所关注的因果关系。在这个方面,初学者应努力做到以下三点:一是要学会使用统计和计量方法,包括相关性检验等;二是检验假说时要根据估计结果展开分析,看图表及其相关信息"说话";三是要学会如何讨论估计结果,靠数据结果很难决断的时候,就得依靠讨论,例如,为什么基于同样的估计结果,会有不同的理论解释。

(一) 基本构成

实证分析由三个元素组成:第一个是功能,即实证分析的目标是检验假说;第二个是动作,实证分析大致有6个动作:描述性统计、诊断性检验、基准回归、相关计量问题处理、稳健性检验和进一步讨论,这些动作组合起来就能完成对假说或因果关系的识别与推断；第三个是作用对象，上述动作针对的主要是数据的统计与计量分析结果。

图6.1展示了实证分析三个元素及其相互之间的关系，其中，功能起到统领全局的作用，动作是为功能服务的，动作的作用对象是数据处理结果，通过分析数据处理结果及其解释与讨论，检验假说的功能得以实现。

根据图6.1，至少可以从以下三个方面来检查自己的实证分析是否达标：第一，研究目标是否清晰，即是否明确了所要检验的假说是什么；第二，针对所要检验的假说，是否已经掌握了6个相关的分析手段或动作；第三，上述6个动作所作用的对象是否清晰和具体。如果上述三个方面基本都具备了，那么就可以一步一步做下去。

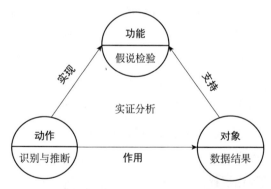

图6.1 实证分析的功能、动作及对象三元素

（二）功能、动作与对象的"对应"

做好实证分析不仅要明确这三个元素，还需要在具体实施过程中将功能、动作与对象"对应"起来。表6.1展示了实证分析中功能、动作与对象之间的对应关系。

如表 6.1 所示，可以从"如何做"与"如何写"两个方面来认识和把握实证分析的动作。从"如何做"来看，动作主要包括 4 个：检验准备、检验假说、保护假说和讨论假说，这 4 个动作都是围绕假说实施的具体动作。从"如何写"来看，动作主要包括 6 个：描述性统计、诊断性检验、基准回归、相关计量问题处理、稳健性检验和进一步讨论。比较"动作"一栏下的"如何做"和"如何写"两列可以发现，"如何做"里面的检验准备其实与"如何写"里面的描述性统计和诊断性检验相对应，"如何做"里面的保护假说其实与"如何写"里面的相关计量问题处理和稳健性检验相对应。

表 6.1 实证分析中动作、对象与功能的具体内容

动作		对象	功能
如何做	如何写		
检验准备	描述性统计	相关关系	提出尝试性猜想
	诊断性检验	计量模型假定与数据统计分布	验证所使用计量模型的合理性
检验假说	基准回归	计量估计结果	识别因果关系
保护假说	相关计量问题处理	有识别难度的估计结果与克服识别难度的再估计结果	排除计量问题对假说的困扰
	稳健性检验	变换情境下的再估计结果	增强假说的稳定性
讨论假说	进一步讨论	估计结果及其他经验证据	引入其他支撑

表 6.1 中的第二列和第三列分别是"对象"和"功能"，其中：①描述性统计的主要作用对象是自变量和因变量的相关关系，其作用是根据样本数据提出一些初步的尝试性猜想，它是后

面计量分析检验因果关系的前奏。②诊断性检验的作用对象是计量模型假定与数据统计分布，其作用是验证所使用计量模型的合理性。③基准回归的作用对象是计量估计结果，其作用是根据计量估计结果识别因果关系。④相关计量问题处理的作用对象有两个，一个是因某计量问题存在而导致的估计结果，另一个是克服该计量问题之后重新估计的结果。对相关计量问题的处理说明了识别因果关系（尤其是对观测数据而言）是有难度的。⑤稳健性检验的作用对象是变换情境（如变量、模型、函数形式等）下的再估计结果，其作用是检验不同情境下假说的稳定性；⑥进一步讨论的作用对象范围较大，不仅包括估计结果，还涉及其他经验证据，其作用是引入其他支撑。

在进行实证分析的过程中，研究者对动作、对象和功能要做到"胸有成竹"。具体而言，应做到：第一，动作分步走、有先后。无论是"如何做"的4个动作，还是"如何写"的6个动作，都要按照表6.1所列的顺序按部就班来。第二，对象有不同，要细分，对每一个动作所针对的对象都要明确。第三，目标宜分解，要具体。每一个动作都要和其作用的对象结合起来，要达到一个子目标。对这些目标要做到心中有数，同时对这些子目标的最终汇总也要熟记于心。

根据表6.1，可以反思一下写不好实证分析的原因。从实践上看，初学者面临的两个"拦路虎"——方法技术与作用对象。如果在前期学习过程中没有掌握或不能熟练运用必要的方法技术，那么一旦开始实证分析，就很容易"卡壳"。在实证分析中，所谓的"动作"就是方法技术的具体运用。但令人不解的是，为什么有的时候方法技术都掌握了，却还是做不好实证分析呢？我认为，原因可能在于没有找准作用对象，也就是平常所说的分析对象。在分析过程中,作用对象是具体的,而不是笼统的,所分析的对象就是待检验假说不同的具体表现或某个环节。从表6.1中的"对象"一列可以看出,每一个环节动作所作用的对象都是不同的。在区分这些动作和作用对象的差别时,就需要老师的指点,否则连做什么都不清楚。

综上所述,我是从功能、动作和对象三个方面来认识和理解实证分析的,实证分析的具体步骤包括检验准备、检验假说、保护假说和讨论假说等,整个分析的焦点和目标是假说,一切都是紧紧围绕假说展开的。根据检验假说这个目标,我将动作具体分解为6个。相应地,这6个具体动作所针对的作用对象及其目标都是不同的。总之,我将实证分析这一"庞然大物"进行了"庖丁解牛",使每一部分、每一环节的动作、对象和功能都是清晰而具体的。如此这般,初学者就可以通过训练逐步掌握实证分析的基本功。

三、实证分析的前期准备

一些初学者做不好实证分析,我认为原因主要有两个:一是应该掌握的方法和技术没有掌握好,或者说是不够熟练,从而导致真正用到的时候稍有困难或阻力就举步维艰;二是不能将各个部分集成为一个整体,即每一部分都可以搞定,但是整个"故事"却讲不圆满。

针对这两个方面的原因,我认为有必要首先做好实证分析的前期准备工作。前期准备主要包括四个方面。第一个是理论,实证分析需要理论指导,要打好与实证分析相关的理论基础。理论指导主要体现在计量模型与变量的选取以及结果解释等方面。第二个是计量分析方法与技术，研究者需要了解所使用的计量模型与方法及其背后的计量经济学原理，既要知其然，也要知其所以然。第三个是软件操作，为了进行实证研究，还必须掌握一定的计量与统计软件操作方法，一般统计可以用 Excel，复杂的要用到 SPSS、Stata 或 Eviews 等。第四个是数据清理，就像需要将采摘下来的蔬菜清洗、收拾干净一样，面对初始数据也需要整理出干净的样本数据以供分析使用。

上述四个方面，如果某个方面（如数据清理）不会，可以有针对性地进行单项补习。当然，最好能熟练掌握，动作越熟练，处理数据的效率就越高。

前期准备还包括揣摩和直接参与。所谓揣摩，是指找一篇自己感兴趣的实证论文，对其实证分析部分的内容进行分解和研读，体会作者如何处理一些问题。所谓直接参与，是指参与到别人如老师的研究工作中，在实际操作的过程中体会学习。

即使该有的准备都有了，要想做好一项实证研究并写好一篇实证论文也是不容易的，因为并不是简单地把每一部分加总在一起就可以。为了解决这个难题，在开始之前最好在脑海里有一个研究设计的框架。这样写起来才会统筹考虑，并且才能注意到不同部分之间的衔接和呼应。同时，心里要清楚实证分析的火力攻击点在哪里，想解决一个什么样的问题，解决的思路是什么。其中，切记要点是检验假说。围绕这个要点，研究者需要从问题、理论、数据、经验观察及同类研究文献等方面做好准备，这样才能发挥各个部分和动作的协同力，做出完整且优秀的研究成果。

四、如何做实证分析

通过计量模型和数据，实证分析希望完成对解释变量和被解释变量之间因果关系的识别与推断，这个因果关系也可被称为待检验的假说。根据研究目标和工作部署，实证研究最终实现检验假说的目标至少要经历"准备——检验——保护——讨论"四个阶段。第一个阶段是为检验假说做准备，这个准备工作主要包括描述性统计与诊断性检验两个环节。第二个阶段是检验假说，这一步也就是通常所讲的基准回归部分。第三个阶段是保护假说，这里的保护实际上要解决的是有可能干扰第二阶段检验假说的相关计量问题，在这个阶段有两个工作要点：一是处理一些复杂的计量问题，如内生性问题等；二是稳健性检验。第四个阶段是进一步讨论，主要针对估计结果，结合相关文献排除其他竞争性的理论解释。可以看出，准备、检验、保护与讨论四个阶段，都要围绕因变量和自变量的因果关系展开，整个分析的主线就是证伪假说，从而最终得到一个暂时可接受的假说。

在这一部分，我们将实证分析分为准备、检验、保护及讨论四个动作，对检验假说这项工作进行了细分，这样既使得检验工作得以落实，又有助于从研究思路来检查这样的实证分析是否合理。初学者不容易掌握实证分析，瓶颈之一可能就在于没有做好细分工作，即搞不清楚这四个动作是什么，其目标指向是什么，其具体内容和过程是什么。

(一) 检验准备

1. 描述性统计

围绕所研究的问题和待检验的假说，可以先做一些描述性统计。描述性统计就是对样本做一些整理，计算变量的基本统计量（平均值、百分比等）、制作变量交互列表、做一些初步图解分析等。

描述性统计的基本功能有两个：第一，介绍样本数据的基本情况，提供实证分析的基本事实背景，为待检验的因果关系做前期铺垫；第二，利用分组、列联表、散点图、相关系数表等分析工具，初步考察待检验假说的"雏形"，即核心自变量与因变量之间的相关性。

2. 诊断性检验

诊断性检验主要是为了证明选择某计量模型来估计某个样本数据是合理的，至少从数据统计分布来看是合理的。任何计量方法都有其适用的前提条件，例如，我们平常使用的 OLS 模型就要求数据符合正态分布。如果前提条件不成立，则无法使用此计量方法，否则可能导致不一致的估计结果。因此，在运用模型进行估计之前，应对计量方法的前提条件进行诊断性检验。比如，使用工具变量法估计后，应进行弱工具变量检验、过度识别检验、解释变量内生性检验等。

(二) 检验假说

在诊断性检验给出检验结果并为计量模型提供选择依据之后，就进入了检验假说的正式阶段。一般而言，在这个环节，主要是根据基准回归结果检验假说是否成立。

关于假说是否通过检验的判断标准，在研究设计中已经给出了明确说明。假说是否能够通过，首先关注模型对数据的整体拟合度，这是模型估计整体表现的统计量，诸如 R^2、F 检验统计量、Durbin-Watson 检验统计量等。

其次，关注并考察核心自变量的估计结果。显著性是关注的焦点，包括统计显著性和经济显著性。有必要区分一下：针对 x 和 y 之间的关系，统计显著性关心的是在统计上 x 和 y 之间的关系是不是显著的，而经济显著性关心的是这个估计系数到底有多大，在经济意义上这个因素的重要性到底如何。经济显著性不仅关系到经验解释，而且还是得出政策含义的基础。此外，还应对主要回归系数（或由回归系数所导出的弹性、乘数等）估计值的大小和符号详加讨论。

如果上述工作都比较顺利，那就很令人欣慰了。遗憾的是，在实际操作中，绝大多数情况都是不甚如人意的，估计结果与预期往往不一致。针对这些不一致，接下来还需要对估计及其结果做更为细致的考察与处理。

应注意：对于核心变量回归系数不显著，正确做法是保持谨慎的态度并积极探讨其中的原因。首先，绝不能对不显著的估计值做出过度的解释，尤其不能宣称不显著的估计值支持或不支持某些特定结论。我们应该知道，估计值不显著意味着所使用的数据不能提供足够的信息，若是没有足够的信息，那么就不能够、也不应该做出任何确切的结论。那么，对于核心自变量不显著，甚至符号与预期相反的情形具体该怎么办？可以从以下三个方面入手做进一步的检查：①检查采用的计量方法是否合理。例如，在 OLS 回归中，检查是否遗漏了重要变量，以避免遗漏变量偏差和 OLS 估计不一致。更一般地，如果存在内生性问题却未加以处理，也会导致估计不一致，使得本应显著的变量变得不显著。②检查数据质量是否有问题。如果数据存在较大的测量误差、使用的代理指标与真实变量相差较远，或者数据输入时出现人为错误，那么都会导致估计不一致。③检查经济理论方面是否有问题。在排除了计量方法和数据质量两种可能性之后，最后一种可能性是经济理论方面出了问题。经济理论所预期的某种效应可能不存在；或者同时存在其他作用机制，使得净效应的符号与理论预期相反。

针对基准回归结果及其所检验假说可能存在的上述计量方法、数据质量和经济理论三个方面的问题，应该采取办法对假说展开保护和讨论，具体如下。

（三）保护假说

保护假说中的"保护"是指将干扰假说使其难以通过计量检验而无法成立的潜在威胁解除。一般而言，通常所讲的基准回归，如果用更尖端的"计量仪器"来测量，所识别出来的"因果关系图案"都是斑驳、模糊的。保护假说有两道防线：第一道防线是考虑并处理相关计量问题，第二道防线是稳健性检验。实证分析中常常因为数据、研究设计和估计方法等原因难以实现有效识别与推断，上述两道防线就是为打消识别与推断以及假说检验等方面的疑虑而设置的。具体来说，第一道防线是将未考虑的相关计量问题重新纳入分析框架，并参照处理后的估计结果重新审视假说检验工作。第二道防线是通过变换情境来重新审视所检验的假说。

1. 相关计量问题处理

处理相关计量问题，首先需要认真了解数据的生成过程，然后再探寻该计量问题产生的原因,这样才有可能研判所采用的改进方法是否奏效。这都要求研究者熟悉某种方法在解决相应具体计量问题(如内生性问题)时的思路、依据、软件操作以及结果解读等。最后,可以将自己处理该问题的思路和做法与同类研究进行比较,思考自己这样做是否有竞争力。

相关计量问题的产生一般都是源于数据与估计方法以及二者之间的矛盾。从根本上讲,平常所遇到的计量问题都可以归结于遗漏变量问题,一般研究中所处理的内生性问题、样本选择问题、异质性问题及测量误差问题都和遗漏变量有关,是遗漏变量问题在某种特定情形下的具体呈现。

在非实验数据中,遗漏变量问题几乎不可避免。它主要包括以下两种情况。第一,存在遗漏变量,但与解释变量不相关,这时只需要说明为什么不相关,可以不做处理;第二,存在遗漏变量,且与解释变量相关,这时则必须进行处理,具体方法包括增加控制变量、寻找代理变量、使用工具变量、使用面板数据等。

2. 稳健性检验

为什么要进行稳健性检验?平常训练过程中,初学者经常跑数据、反复跑。一定程度的数据挖掘是不可避免的,但一定要注意数据挖掘可能带来的偏差。跑数据的正确态度是:不能将数据挖掘视为唯一,不应排除识别隐患的其他可能;同时也需要将数据导入计量软件中,尝试不同的研究思路,在反复尝试和比较分析多种思路及相应数据回归结果的过程中反思理论。而解决数据挖掘所带来偏差的方法之一就是进行稳健性检验。

什么是稳健性检验?使用特定的计量方法需要依赖一系列假定。但问题是,主要估计结果对这些假定敏感。为此,有必要放松或变换某些假定,看结果是否改变,这一过程就被称为"稳健性检验"。比如，通过改变样本区间（或去掉极端值）、函数形式、计量方法、控制变量、变量定义、数据来源等，来考察主要估计结果的变化与稳定性。显然，稳健的结果才有说服力，故稳健性检验已成为高质量实证论文不可或缺的一部分，也就是说，仅仅汇报"最佳"的结果是不够的。

要注意的是，稳健性检验与敏感性检验存在区别：前者强调对作用机制的再检验，作用方向及其显著性是关注的重点；而后者强调核心变量对因变量作用大小的稳定性考量，估计系数大小及其变化是关注的重点。

（四）讨论假说

大多数实证研究都希望揭示 x 对 y 的因果作用，而从回归分析的相关关系升华到因果关系是很大的飞跃，这也是识别与推断的真谛所在。识别因果关系，既需要使用适当的计量方法，还需要对相关的研究文献进行讨论，并且讨论是其中的重要环节，若缺乏讨论，从统计相关关系上升到因果关系的说服力就会大打折扣。

也就是说，回归分析一般只能证实变量之间的相关性，要对变量之间的因果关系做出判断，常常需要依赖于经济理论，讨论假说就是试图从假说、数据、估计结果、经验解释以及理论等方面综合审视所检验的假说。随着讨论范围的扩大，需要进一步解决两个问题：一是计量估计出现无法统一、模棱两可，甚至自相矛盾的估计结果；二是基于相关的估计结果，可能存在多种竞争性理论解释。相对而言，因数据导致的计量问题在保护假说这一部分已经得到解决，所以理论方面的分析是讨论假说的关键所在。

五、实证分析写作的要点及示例

写清楚实证分析要把握住以下三点：第一，要明白实证分析的焦点是检验假说，一切内容都要紧紧围绕假说展开；第二，要注意规范，回归结果、检验结果等都要遵守一定的格式和规范，遵守规范才能表达得更加准确；第三，要注意实证分析中的"估计结果"应该是原创的，是区别于已有研究的，而实证论文就是对新估计及其分析结果的汇报。

具体到一篇论文，就是要将实证分析六个动作的过程及结果写清楚。这六个动作分别是①描述性统计，②诊断性检验，③基准回归，④相关计量问题处理，⑤稳健性检验，⑥进一步讨论。所谓把实证分析写清楚，通常可以理解为汇报回归和检验结果。汇报结果有两个步骤：一是将数据结果汇总、制作成表格，二是围绕假说检验解读表格数据。这就要求表格里的信息是"挑选"出来的，与检验假说紧密相关，而正文文字则需要与回归结果保持对应。

（一）描述性统计

如前所述，描述性统计部分的作用是介绍基本事实情况、样本情况以及对假说进行初步检验。它包括两个部分：第一部分是描述性统计表，即对所使用的变量进行统计，具体包括变量名称（或简称）、含义、英文缩写、单位、观察值以及一系列统计值等。描述性统计表这部分最好有一段或几段文字简要介绍表内的主要信息或关键信息，避免光秃秃的一张表。第二部分是描述性分析，它有两个功能：一是简单介绍数据结构和样本的基本情况，例如，针对一个农户借贷样本数据，可以按照是否借款将样本户分为借款户和非借款户两组，然后比较这两组的特征差异；二是对待检验假说展开初步考察，如通过散点图、列联表等呈现一个简单、直观的"图像"，尽管这些验证没有控制住其他因素或考虑得比较简单。

（二）诊断性检验

在分析计量估计结果之前，有必要交代一下计量模型适用性的检验思路、方法及其结果。可以用相关检验，从统计和计量角度论证运用该模型的合理性。例如，选择多元 Logit 模型，就需做不相关选项独立性假定检验（IIA 假定检验）。

【示例】刘西川、程恩江：《贫困地区农户的正规信贷约束：基于配给机制的经验考察》，《中国农村经济》2009年第6期。

IIA 假定检验。多元 Logit 模型有一个基本假定，即 IIA（independence from irrelevant alternative）假定。所谓 IIA 假定，是指任意 2 个选择项的选择概率之比与其他选择项的状态无关。如果 IIA 假定不能得到满足，则选择多元 Logit 模型是不合理的。本文在估计前先采用了 Hausman 检验（参见 Hausman & McFadden, 1984）对多元 Logit 模型的 IIA 假定进行检验，该检验的原假设为选择对象之间相互独立，即满足 IIA 假定。

（三）基准回归

在基准回归部分，重点讨论主要变量之间的关系。对于控制变量，正文应尽可能少讨论或不讨论。写的时候，可以用图表来直观说明相关内容。写好基准回归这部分，要完成制作表格和解读结果两项任务。具体而言,第一,制作表格。估计结果通常用表格来呈现,主要包括被解释变量与解释变量的名称、回归系数的估计值、标准误(或 t 统计量)、以星号来表示的统计显著性水平,以及相关的统计量(如拟合优度等)。制作表格的目的就是要让读者便捷、完整且清楚地了解估计结果。同时,表中的变量名称应尽量采用有意义的中文简称,少用无意义的英文字母组合。第二,解读结果。在正文中,需要对表格中的相关信息进行解读,包括回归系数的统计显著性与经济显著性、符号是否与理论预期相符、如果有不符可能存在的原因等。

解读结果的过程中,还需要注意以下方面。

第一,如果是多个假说,最好用小标题分开。针对某个具体假说,一般要先回顾计量模型部分检验假说的"标准",然后报告相关估计结果(如核心自变量的估计系数等)。

第二,结果分析要围绕假说展开,而不是完整地报告一遍估计结果。建议从统计意义、正负号、经济意义、已有研究、经验观察和竞争性假说等方面展开对估计结果的分析。针对估计结果的分析要尽量周全,例如在基准回归中,要分别考虑待检验的假说是否通过了统计意义上的检验和经济意义上的检验,以及是否能够扩展至经验观察与其他相关研究。这时要明确地指出假说是通过了统计检验,还是没有通过。不管是哪种情况,都要给出相应的解释。最忌讳仅仅简单地看图表说话。

第三,估计结果的解释和讨论要围绕研究设计的思路来展开,尽量给人一种层层推进、紧紧咬住假说的感觉。这部分可以结合相关研究文献展开必要的比较和讨论,特别需要解释自己的估计结果和其他同类研究之间的异同。

第四,不要喧宾夺主,不要下大力气对一些无关紧要的控制变量及其估计结果进行解读。建议围绕核心自变量与因变量的关系展开讨论，控制变量的估计结果不是重点。

第五，很多时候，为了达到更精准检验假说的目的，研究者会选择一些不同的估计方案。

【示例】刘西川、杨奇明、陈立辉：《农户信贷市场的正规部门与非正规部门：替代还是互补？》，《经济研究》2014年第11期。

估计结果分析

以下，重点分析农户正规信贷供给与非正规信贷供给的影响因素特别是两者间的相互关系。表6.2为揭示农户正规信贷与非正规信贷之间的关系提供了更多有价值的信息。

第一，正规信贷供给行为与非正规信贷供给行为作用机制不同。从显著变量的数量来看，影响正规信贷供给行为的因素要少于影响非正规信贷供给行为的因素。这说明，非正规信贷供给方比正规信贷供给方具有信息优势，他们能够从更多渠道如地缘信息和社会关系来考察借款者的还款能力与还款意愿，消费支出及礼金两个变量的估计结果就是很好的说明与佐证。

第二，从可观察变量估计结果来看，正规信贷供给与非正规信贷供给存在一定的互补性。具体表现在三个方面：首先，信息环境与条件的差异使得两类信贷供给行为优势互补。其次，两类信贷供给行为可实现借款用途的互补。最后，两类信贷供给者似乎不约而同地"青睐"具有某种特征的农户。

第三，从不可观察变量来看，ρ_{24}的估计结果在1%水平上显著为正，说明正规信贷供给与非正规信贷供给之间的关系是互补的，即正规信贷与非正规信贷供给方更愿意向获得另一个部门贷款的借款者提供贷款，换言之，如果农户在某一个部门得到贷款，那么在另一部门也更容易得到贷款。

表 6.2 农户信贷市场两部门信贷供给和需求四元 Probit 模型估计结果

自变量	(1) 正规信贷需求		(2) 正规信贷供给		(3) 非正规信贷需求		(4) 非正规信贷供给	
年龄	0.00514	(0.0239)	0.0120	(0.0266)	0.0249	(0.0282)	0.0169	(0.0290)
年龄平方	-0.0192	(0.0243)	-0.0184	(0.0276)	-0.0323	(0.0289)	-0.0232	(0.0296)
教育程度	-0.146***	(0.0442)	0.0184	(0.0470)	-0.147***	(0.0507)	-0.168***	(0.0504)
劳动力	0.0854	(0.0591)	0.0266	(0.0594)	0.202***	(0.0628)	0.185***	(0.0626)
人口负担率	0.199	(0.271)	0.0748	(0.274)	0.567*	(0.293)	0.416	(0.294)
重大事件	0.227***	(0.0839)	0.649***	(0.0877)	0.655***	(0.0921)	0.558***	(0.0908)
总收入	0.0553**	(0.0225)	0.0291	(0.0213)	-0.0194	(0.0233)	-0.0368*	(0.0223)
经营收入占比	0.107	(0.162)	0.283*	(0.170)	0.112	(0.178)	0.0266	(0.174)
工资收入	-0.0561	(0.0529)	-0.00823	(0.0517)	0.0597	(0.0546)	-0.0461	(0.0528)
固定资产	0.0137*	(0.00720)	0.0113*	(0.00602)	0.0139**	(0.00643)	0.0154**	(0.00642)
耕地面积	0.0468	(0.0416)	0.00308	(0.00269)	0.00309	(0.00360)	0.00482	(0.00302)
消费支出	-0.0403	(0.0482)	0.0342	(0.0456)	0.0627	(0.0498)	0.0844*	(0.0482)
农信社社员			0.441***	(0.100)				
距离			-0.00310	(0.0107)				
金融知识	-0.0417	(0.0774)						
健康					-0.168	(0.117)		

（续表）

自变量	(1)正规信贷需求	(2)正规信贷供给	(3)非正规信贷需求	(4)非正规信贷供给
礼金				0.0766** (0.0335)
常数项	0.308 (0.687)	-1.608** (0.744)	-1.729** (0.785)	-1.506* (0.807)
误差项相关系数	ρ_{12}	1.012*** (0.0801)	ρ_{13}	
	ρ_{14}	0.204*** (0.0544)	ρ_{23}	0.213*** (0.0539)
	ρ_{24}	0.175*** (0.0547)	ρ_{34}	0.194*** (0.0557)
				2.283*** (0.0989)
极大似然函数值		-1678.7428		
Wald χ^2 (53)		245.96***		
LR 检验		chi2(6) = 1022.78	Prob > chi2 = 0.0000	
观察值	987	987	987	987

注：①*、**、*** 分别表示系数在10%、5%和1%水平上显著；②括号内为标准误；③ρ_{ij} (i,j = 1,…,4) 表示方程 (i) 和方程 (j) 误差项的相关系数。

（四）相关计量问题处理

这部分要重点交代涉及假说检验的相关计量问题（如内生性问题、样本选择偏差问题、异质性等问题）的处理思路及其结果。切记：一定要围绕假说检验来展开分析、解释和讨论。具体的写作步骤是：①阐释某个计量问题存在的表现形式及原因；②给出解决该问题的思路及依据；③给出解决该问题的方法及其估计结果解释。

【示例】刘西川、陈立辉、杨奇明：《农户正规信贷需求与利率：基于Tobit Ⅲ模型的经验考察》，《管理世界》2014年第3期。

（二）利率弹性异质性

一般认为，正规信贷需求的利率弹性存在异质性问题。首先，不同收入水平农户的利率弹性是不同的，其中文献里讨论较多的是贫困群体信贷需求弹性不显著，这类群体更关心的是信贷可得性；其次，不同信贷需求水平的利率弹性也是不同的。

为了考察不同收入水平农户的信贷需求利率弹性，我们按照人均总收入将样本分为高收入组与低收入组两个子样本，然后用Tobit模型对两组子样本分别进行回归（即模型5、模型6）。为了考察不同信贷需求水平的利率弹性，我们构建了分位数回归模型，具体分位是25%、50%和75%（即模型7、模型8、模型9）。

第一，从表6.3中模型（5）和（6）的估计结果来看，在高、低收入两组子样本中，利率均负向显著影响农户正规信贷规模需求。第二，表6.3中模型（7）、（8）和（9）是分位数回归模型的估计结果。估计结果表明，贷款利率预测值均显著负向影响正规信贷规模需求;同时,处于不同信贷需求水平的农户对利率的弹性是不同的,即不同需求水平农户正规信贷需求利率弹性存在异质性问题。

表6.3 分组回归与分位回归模型的估计结果

变量	分组回归		分位回归		
	模型(5) 低收入组 样本	模型(6) 高收入组 样本	模型(7) 25%分位	模型(8) 50%分位	模型(9) 75%分位
贷款利率 预测值	-2.177* (1.149)	-1.151** (0.537)	-1.901** (0.920)	-1.284** (0.630)	-1.910*** (0.511)
贷款者 类型	-0.988** (0.383)	-0.290* (0.164)	-0.389* (0.235)	-0.397** (0.197)	-0.327 (0.239)
业务网点	0.844** (0.370)	0.344* (0.188)	0.619*** (0.235)	0.552** (0.267)	0.597** (0.253)
距离	0.0560 (0.0501)	0.0896*** (0.0264)	0.0841** (0.0345)	0.0455 (0.0289)	0.0360 (0.0280)
年龄	-0.0260 (0.114)	-0.0129 (0.0506)	0.00235 (0.0554)	0.0218 (0.0662)	0.00425 (0.0696)
年龄平方	0.0461 (0.117)	0.0267 (0.0548)	0.00879 (0.0620)	-0.0304 (0.0697)	0.000956 (0.0751)
教育程度	0.447** (0.211)	0.296*** (0.0890)	0.420*** (0.129)	0.270** (0.104)	0.216** (0.105)
劳动力	0.476** (0.226)	0.221* (0.122)	0.315* (0.162)	0.373** (0.148)	0.203 (0.183)
人口负 担率	1.931** (0.940)	0.862* (0.510)	1.052 (0.721)	0.903 (0.688)	0.711 (0.760)
重大事件	-1.236** (0.476)	-0.149 (0.223)	-0.683* (0.360)	-0.240 (0.316)	-0.658** (0.257)
总收入	1.045*** (0.384)	0.0719*** (0.0223)	0.0498 (0.0328)	0.0998*** (0.0355)	0.0875*** (0.0296)
经营收入 占比	0.295 (0.649)	0.683* (0.372)	1.704*** (0.448)	0.861** (0.407)	0.955** (0.458)

(续表)

变量	分组回归		分位回归		
	模型(5) 低收入组 样本	模型(6) 高收入组 样本	模型(7) 25%分位	模型(8) 50%分位	模型(9) 75%分位
工资收入	-0.104 (0.430)	0.0367 (0.0857)	0.266** (0.130)	0.0873 (0.116)	0.231* (0.129)
固定资产	0.0506 (0.175)	0.00837 (0.00514)	0.00857 (0.00739)	0.00500 (0.00571)	-0.000216 (0.00713)
耕地面积	-0.00518 (0.0162)	-0.0126 (0.00893)	-0.000843 (0.0219)	0.000374 (0.0241)	-0.00407 (0.0206)
常数项	-7.211 (4.610)	-2.951 (1.843)	-6.997** (2.717)	-4.267* (2.389)	-3.965* (2.026)
拟R^2	0.15	0.15	0.33	0.27	0.26
最大似然函数	-124.33	-245.67			
观察值	94	176	270	270	270

注:①括号内数字为标准误;②*、**、***分别表示在10%、5%和1%水平上显著;③分位数回归方程均使用 Bootstrap 方法计算标准差。

(五) 稳健性检验

目前,如果一篇实证论文没有稳健性检验部分,一般就很难入审稿人的法眼。稳健性检验的目的在于保证估计结果在其他情境下同样成立,它是所检验假说的"保护带"。稳健性检验一般包括变换模型和估计方法、替代数据和变量、设置控制变量以及分样本和分时段回归检验等。在实证论文里,至少要先完成研究主题相同或类似、并且也采用数据和计量模型的实证研究中的稳健性检验,做到人有我有。在写作方面,要给出某个稳健性分析的目的、思路和具体做法,同时给出相关估计结果的表格,最后还要给出假说是否依然成立的定论。需要注意的是，选择何种转换方式，以经济理论上的考虑最为重要，不能仅仅为了提高模型的适配性，而盲目地做一些变量转换。如果稳健性检验结果的篇幅比较短，那么可归入"基准回归"部分；反之，如果做了较多的稳健性检验，则可单独作为论文的一个部分。

【示例】刘西川、杨奇明、陈立辉：《农户信贷市场的正规部门与非正规部门：替代还是互补？》，《经济研究》2014年第11期。

稳健性检验

我们采用增加或替换某些解释变量的方式对四元 Probit 模型的回归结果进行稳健性检验。替换的变量与原有变量含义接近，增加的变量则是为控制在基准回归中未考虑到的某些因素，具体涉及村干部、工商户、业务网点等几个变量。增加村干部这一控制变量的用意是考察农户社会地位对正规与非正规部门信贷供给的影响；用工商户变量替换非农经营收入占比，意在考察农户经营收入达到一定规模的情况对两部门信贷供给的影响。与经营收入占比相比，工商户变量更加强调农户经营规模；增加业务网点变量以及用业务网点变量替换原来的距离变量，是考虑到这两个变量均是描述农户获取信贷便利程度的因素。从稳健性检验的结果来看，主要解释变量（教育程度、重大事件、固定资产、消费支出等）与识别变量（农信社社员、礼金）的估计结果、误差项相关系数以及相关检验结果与基准回归结果（具体见表6.2）相比未发生较大改变，这说明本文的基本估计结果是稳健的。

（六）进一步讨论

为什么要讨论？讨论是在一个更大的范围内讨论假说的成立问题。从一定程度上讲，计量模型与数据分析代表的只是统计意义上的检验，所以还需要从经验和理论层面上对假说进行检验。

讨论什么？为了更完整地检验假说，还需要与其他竞争性假说结合起来，并与其展开比较分析。这就需要从理论基础、计量模型、数据等方面来统筹考虑。若能在文献中找到类似研究的估计结果，则应报告并进行比较。具体是针对所得出的结果做横向或纵向的对比，包括自己结果之间的比较、自己结果与别人结果之间的比较。如果存在差异，则要对差异成因进行讨论分析，通过进一步论证，加强对所检验假说的支持。

这里区分一下分析结果与讨论。分析结果强调的是计量模型的输出结果。而讨论则强调把分析结果"打乱"，提出更值得辨析和更有意义的结果，是对实证分析结果的反复验证和提炼。

讨论有三重境界：一是得出与同类研究相同的结果（意义一般不大）；二是得出与同类研究不同的结果，但未讨论差异的成因（需要升华）；三是得出与同类研究不同的结果，并对差异的成因进行分析（较高水平）。

【示例】黄祖辉、刘西川、程恩江：《贫困地区农户正规信贷市场低参与程度的经验解释》，《经济研究》2009年第4期。

进一步的讨论

为了实证检验本文第三部分对有关计量模型的讨论结果，我们比较了单方程 Probit 模型和 Tobit 模型与需求可识别双变量

Probit 模型的估计结果。单方程 Probit 模型和 Tobit 模型的估计结果见表 6.4。

表 6.4 Probit 模型与 Tobit 模型的估计结果

变量	Probit 模型			Tobit 模型		
	估计参数	标准差	P>|z|	估计参数	标准差	P>|z|
age2	-0.241	0.301	0.423	-0.801	3.834	0.835
age3	-0.079	0.296	0.790	0.291	3.791	0.939
age4	-0.559	0.376	0.137	-5.395	4.811	0.262
age5	-0.255	0.363	0.482	-2.113	4.581	0.645
EDU	-0.020	0.033	0.544	-0.285	0.410	0.487
Skill	-0.163	0.176	0.355	-1.647	2.175	0.449
FS	-0.047	0.079	0.552	-0.899	0.961	0.350
assets1	0.062	0.205	0.762	0.200	2.562	0.938
assets2	-0.340	0.220	0.122	-3.825	2.732	0.162
shock	0.226	0.178	0.204	2.104	2.216	0.343
Know	0.300	0.174	0.085	3.828	2.187	0.081
Default	-0.433	0.420	0.303	-5.030	5.245	0.338
Nanzhao	-0.049	0.270	0.855	-1.246	3.300	0.706
Zuoquan	-0.007	0.272	0.980	-0.534	3.379	0.875
Linxian	-0.989	0.479	0.039	-6.734	4.780	0.159
Wage	-0.056	0.024	0.019	-0.651	0.311	0.037
NFR	0.004	0.008	0.609	0.285	0.081	0.000
Land	0.075	0.038	0.050	0.848	0.460	0.066
Distance	-0.131	0.105	0.210	-2.172	1.298	0.095
DR	-0.025	0.352	0.944	0.637	4.363	0.884
Odebt	-0.114	0.169	0.498	-1.039	2.104	0.622
Tdebt	-0.010	0.013	0.459	-0.048	0.125	0.702
Health	0.296	0.247	0.232	6.695	2.902	0.021
CC	1.776	0.215	0.000	18.827	2.984	0.000
Per-con	-0.007	0.035	0.847	-0.091	0.440	0.836
常数项	-0.876	0.585	0.134	-13.745	7.309	0.060
最大似然函数值	-150.296			-354.822		
拟 R^2	0.331			0.164		
观测值数	764			764		

注：Probit 模型和 Tobit 模型的因变量分别为是否得到贷款和贷款金额。

通过比较 Probit 模型、Tobit 模型和需求可识别双变量 Probit 模型的估计结果（见表6.5），可以得出以下结论：第一，三个模型的估计结果均表明，富裕样本农户获得正规贷款的概率较高，即农信社贷款向固定资产和非农经营收入占总收入比重大的农户倾斜，这与多数文献的发现相一致。第二，工资收入负向影响农户对正规贷款的需求，这和目前贫困地区经济结构的转变相吻合。第三，回归结果显示，农户对信贷的需求与缺乏弹性的消费需要相关。

表6.5 Probit 模型、Tobit 模型与需求可识别双边量 Probit 模型的估计结果比较

变量	Probit 模型	Tobit 模型	需求可识别双变量 Probit 模型	
			供给方程	需求方程
assets2			−	
Shock			+	+
Know	+	+		
Nanzhao			−	
Zuoquan			−	
Linxian	−		−	
Wage	−	−	−	−
NFR		+	+	
Land	+	+		
Health		+		
Distance		−		
CC	+	+		

注："+"和"−"符号分别表示正向和负向影响，显著水平至少在10%以上。

上述分析表明，只考察单方程模型，很可能会错误解读估计结果，例如，非农经营收入占总收入的比重。根据 Tobit 模型的估计结果，可能会得出从事非农经营项目的农户对正规贷款的需求高这样一个错误的结论。而需求可识别双变量 Probit 模型的估

计结果表明，非农经营收入占总收入比重高只对正规贷款可得性的影响为正，而对正规贷款需求的影响并不显著。这只能说明非农经营收入越高的农户受到正规信贷约束的概率越小，并不能说明这类农户对正规信贷的需求越高。

六、小结

从规范的角度来看，实证分析部分应做到：一是要保证统计方法和计量模型的合理性，即要报告相关检验的结果，以支撑模型和方法选择的合理性；二是要围绕假说展开分析，其中至少要做到两点。其一是根据前面提供的假说检验标准展开分析，这是从统计和计量意义上讲的；其二是要从经验和理论角度来审视估计结果，因为讨论越深入，就越有可能发现数据呈现的"真实图景"。

初学者要抓住检验假说这一关键。实证分析的所有工作与努力都应该紧紧围绕检验假说这个重点展开，尤其是基于统计和估计结果的分析与讨论。只有抓住了重点，才能避免将实证论文写成平淡无奇的"流水账"。最忌讳的是将计量分析部分当作计量"诊断"结果，逐一报告相关统计分析、计量分析结果，如显著性水平、符号正负、系数值大小等。这就要求在篇幅上尽量不要用表格来"充数"，有力量的文字才是研究出彩的关键！从这个角度来讲，要有目的、有选择地报告表格内的信息，即对假说检验有用、有帮助的信息才报告。

掌握方法与技术是基础和前提。研究者所掌握的方法与技术要全面和完整,该会的都要会,该包括的内容都要包括。从方法和技术的角度讲,至少应掌握的"六种动作"是描述性统计、诊断性检验、基准回归、相关计量问题处理、稳健性检验和进一步讨论。

实证分析的核心是"分析",而不仅仅是报告结果!实证分析是由功能性元素、动作性元素和对象性元素组成的。这个认识有助于初学者明确目标,掌握动作并知道动作作用的对象。初学者应将两个"有必要"铭记在心:第一个是"有必要"反复揣摩和练习实证分析中的六种动作;第二个是"有必要"弄清楚每个具体动作所作用的具体对象。很明显,六种动作所针对的作用对象都是不同的,尽管都与检验的假说有关。

关注细节!例如每一个表格的表头名称都应简洁且精准,表格应美观、匀称。同时,每一个表格都需要搭配相应的文字,不能只有表格而没有相关文字阐述。

对自己提更高的要求!最好能从讲故事的角度来编织这部分内容,而不是干巴巴地写上分节的标签,例如(一)描述性统计、(二)诊断性检验,等等,如此编排内容实属下策。

思考与练习

1. 认真研读一篇实证论文,从功能性元素、动作性元素和对象性元素来拆解这篇论文的实证分析部分,回答如下问题:①文中实证分析的主要动作如诊断性检验、识别与推断及稳健性检验具体是什么?②这些具体动作所处理的数据结果有何不同?

2. 实证分析部分写作的要义是紧紧围绕检验假说展开。以一篇实证论文为例,反复研读该文的实证分析部分,回答如下问题:①该部分的层次结构是如何安排的?②该部分各层次与所检验的假说是什么关系?

3. 挑选一篇自己感兴趣的实证论文认真研读,试着站在作者的角度回答如下问题:①开展实证分析之前要做哪些准备?②为检验假说要做什么准备?③如何检验假说?④如何保护假说?⑤如何进行必要的讨论?

第七讲　如何写结语

内容提要：结语的功能是总结假说检验结果，并论证该研究的价值与意义。一般而言，结语包括五个部分：基本结论、理论价值、政策含义、研究局限和研究展望。一篇实证论文的结语部分至少要包括基本结论与理论价值两个部分，其余三个部分作者可根据具体情况自行选择。假说依然是结语部分的核心，上述五个部分都应紧紧围绕所检验的假说展开。基本结论应总结有关假说检验的结果，明确交代最终接受的假说是什么；理论价值的目的是揭示和提炼该假说的理论价值，强调检验假说是对已有理论的证伪、推进或完善；政策含义则是将该假说的理论逻辑应用于某个具体的实践场景，尝试提出解决某个现实问题的具体思路；研究局限是指出在检验假说的过程中因客观条件等原因仍存在的不足；研究展望则是围绕问题或假说提出进一步推进该领域研究的新设想。结语部分写不好的主要原因有三个：一是没有抓住假说及其检验这个目标要点，导致内容松散；二是没有搞清楚基本结论五个部分的功能、动作和对象，导致内容不充实；三是忽视了对该研究价值与意义的有力论证，导致内容失去了灵魂。写结语要练好以下基本功：概括、论证、比较与参照及一般化，结语主要依靠这几项基本功将假说检验与理论讨论有机联系起来。写好结语的具体策略主要有：以问题为导向、嵌入式写作和以"坐实"的口吻写作等。写好结语还包括若干其他要点,譬如不重复、不夸大和不过度引申,要能倾听其他声音,要使读者有共鸣和余味等。

本讲提纲
一、结语写作常见问题
二、什么是结语
  (一) 基本结论是结语吗
  (二) 为什么结语仅有基本结论是不够的
  (三) 一个功能视角
三、结语由五部分构成
  (一) 基本结论
  (二) 理论价值
  (三) 政策含义
  (四) 研究局限
  (五) 研究展望
四、结语写作的要点及其他
  (一) 拆解
  (二) 基本功
  (三) 策略
  (四) 其他
五、小结

一、结语写作常见问题

第一,结语概括不起来,只是重复。这种情况可以用"重复论"

来概括。概括不起来的表现有两种：一种是没有研究结论，只是将研究结果又重复了一遍，这种问题比较低级，需要改善；另一种是概括不到位，缺乏新意，与摘要或正文里的总结没有区别。

重复论的问题在于未能将分析结果与结论区分开来，其根源是没有掌握基本结论的处理办法。基本结论是总结，它是针对引言中的问题，根据实证分析结果给出明确的答复，这种答复是以假说得以验证的形式给出的，而且实证分析结果仅是支撑基本结论的一部分。

第二，结语就是概括基本结论。一些人认为结语位于文章的结尾，即将大功告成，无非就是总结一下而已，把前面分开讲的东西在这里汇总一下。这种认识可以概括为"总结论"。实践中持此种观点并如此操作的人不在少数。但这样的结语总让人觉得有些"鸡肋"，食之无味弃之可惜，因为内容上和前面讲的没有大的差别，无非一个是分开来讲、一个是总的来讲，读完之后没有更多收获，但一篇论文的结语部分又不可或缺，以致无法将其整个删除。总结论往往将结语简单地理解为概括基本结论，对文章的理论价值、政策含义、研究局限及研究展望等内容不够重视，很多时候都没有提及这些内容。简言之，总结论的具体表现就是内容缺失、不完整。

从结语应强调的重点来看，总结论的问题不仅在于忽视了理论价值、政策含义等内容，更严重的是忽视了结语所具备的论证功能，即结语应对论文的创新性和价值进行论证。总结论反映出作者对结语的功能认识不到位，或者是不准确。结语不仅要对前面的正文部分进行总结，还要对检验出来的假说进行更进一步的挖掘和讨论。

第三，结语就是照猫画虎，即通常能见到的内容都有，如基本结论、政策含义等，但流于形式。作者依葫芦画瓢，按部就班地提供了结语部分该有的内容，可以将这种认识概括为"照猫画虎论"。最为常见的表现有两种：一是没有和理论展开对话，看不到理论概念，属于就事论事；二是尽管有探讨，但流于形式，且内容比较空泛，和主题关系不大。照猫画虎论的问题就是研究价值不高，缺乏创新。

应该说，照猫画虎论没有准确把握结语各个部分应有的具体功能及要求。之所以该有的都有却读来索然无味，就是因为没有把握好基本结论、理论价值、政策含义、研究局限和研究展望这些部分的功能、动作和具体对象，导致这几部分没有形成合力。结语部分最为关键的是挖掘所检验假说的理论价值与意义，显然，假说以及该研究的重要性应是结语部分关注的重点。以此来看，照猫画虎论的致命缺陷有两个：一是未能聚焦于假说与研究的重要性；二是未能认识到结语的行文风格是论证和讨论。

第四，结语止步于讨论，让人感到格局狭小、不够大气。所谓止步于讨论，就是结语局限于作者已经有所提及的较小范围，如概括基本结论和论证其价值等，这样的结语会让人感到格局和立意要稍逊一筹，开放度不够。具体表现为：一是作者对未来研究展望"两眼一抹黑"，对下一步的研究说不出来个一二三；二是作者对自己所做的研究缺乏必要的反思和自省。

缺乏讨论的结语会让结论的说服力和可沟通性大打折扣。讨论少，表明作者尽管关注了文章的主要内容，但并未重点关注以下两个方面。一是没有做到面向未来。如果讨论的视野不开阔，就会对进一步的理论推进不了解。具体来说，就是对假说成立的范围和条件缺乏全面且应有的认识，对于假说成立的保护带要么是没有搭建，要么是没有设防。二是缺乏内观。如果讨论没有涉及论文本身的局限性，就是对研究存在的缺陷缺乏自省。无论是从视野还是从局限性方面来看，要写好结语部分，就得跳出论文已有的范围，要能"凌空"，这就需要作者积累更多的知识储备和研究经验。

综上所述，结语写不好的原因可以概括为两个：一是对结语的功能认识不准确、不到位；二是对于结语所包括的基本结论、理论价值等五部分，初学者没有把握好它们的动作和对象。

二、什么是结语

论文的结语十分重要，因为文章的开头和结尾通常是读者印象最深的部分。在结语部分，读者一般最想看到的就是这篇论文的基本结论是什么，这篇论文是否有创新，其创新点是什么，等等。结语的主要目的之一就是总结论文的重要观点，将论文观点传递给读者，并且希望读者认同其研究结果的意义和价值。结语应给出暂时接受的假说，并且要论证假说的价值与意义。一般而言，结语包括以下几个部分：基本结论、研究价值、政策含义、研究局限和研究展望，其中，研究价值和政策含义是从理论和实践两个方面对结论的进一步挖掘，研究局限和研究展望则是对研究内容和结论的再审视。

（一）基本结论是结语吗

上文提及的"总结论"认为，结语就是基本结论，将实证分析结果以观点的形式概括起来即可。我认为，这种对结语的认识并不全面。尽管基本结论确实是结语中最重要的部分，也是最基础的部分——一篇论文如果没有基本结论，就会显得虎头蛇尾，但是，单凭基本结论还不能完全实现结语的功能。所谓基本结论，就是针对所检验的假说，给出假说是否通过检验的结论，以及说明该假说是否有助于改善对某个问题的原有认识，或者是否有助于消解针对某个具体问题的认识分歧点。但这样的基本结论在论及研究价值与意义、创新点方面还是有些欠缺。

（二）为什么结语仅有基本结论是不够的

结语部分除了针对假说概括出结论，还要论证该结论乃至这项研究的价值与意义。很多时候，读者不仅想知道结论的具体内容，还想知道结论的价值与意义。一般可以从理论与实践两个方面来阐述研究结论的价值与意义，也就是在基本结论的基础上，还应阐述这项研究的理论价值与政策含义。所谓理论价值，是指该结论对相关理论的拓展创新；所谓政策含义，是指针对具体的现实问题或矛盾，该结论提出了哪些新的认识和解决思路。

除了从基本结论引申出理论价值和政策含义，结语部分还需要对该研究做一番反省和展望。如果说引言和文献综述包含了对同一领域其他研究的评价，那么结语部分的研究展望和研究局限就是对本研究自身的评价，其中研究展望是正面地提出本研究还有哪些方面有待改进；研究局限则是阐明本研究有哪些地方没有做好，这些地方对研究结论及其创新点有何负面影响等。经由这两个部分，专业读者可以对研究结论有一个更完整的认识，避免只了解好的方面而不了解坏的方面。其实，研究展望和研究局限于其他研究者而言，也是有价值和意义的，可以发挥指导和启发的作用。当然，这两个部分的内容仍然需要围绕假说展开。

（三）一个功能视角

我是从功能视角出发来认识结语的，即结语应总结基本结论并论证其价值与意义。显然，平铺直叙完成不了论证的任务。从写作风格来讲，与引言的写法一样，结语也重在论证。二者的区别在于，引言论证的是问题、假说及这项研究的重要性，结语则是基于实证分析来论证检验假说的价值与意义。

如图 7.1 所示，结语包括三个部分：基本结论、价值与意义Ⅰ、价值与意义Ⅱ。其中，价值与意义Ⅰ主要包括理论价值与政策含义，一个对应的是理论方面，另一个对应的是实践方面；价值与意义Ⅱ主要包括研究展望和研究局限，一个是积极面向未来，另一个是从外向内自我审视。这三者的关系是什么？基本结论是本源，它是阐发价值与意义Ⅰ和Ⅱ的基础。价值与意义Ⅰ是对基本结论的外推，"推"的是假说；价值与意义Ⅱ是对基本结论的内察，"察"的是假说检验有待改进的地方或局限所在。需要指出的是：第一，对价值与意义Ⅰ和Ⅱ的引申要把握适度原则，不能喧宾夺主；第二，结语是基本结论及其价值与意义的统一，各部分之间要注意联系和呼应。另外，关于结语的篇幅，最多不要超过五段，否则就会显得冗长。

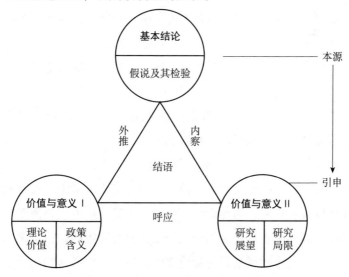

图 7.1　结语的基本结论及其价值与意义

总之，结语部分应有四个功能或者说是四个具体目标：第一，概括研究发现，即验证（或证伪）了什么假说和回答了什么问题；第二，探讨和论证假设检验具有什么理论含义；第三，总结这项研究的实用价值，即该研究发现有助于解决什么现实问题；第四，做更进一步地探讨，如指出该文还存在哪些不足之处、展望未来研究需要改善和注意的地方等。

三、结语由五部分构成

一些论文尽管提出了问题，也很好地组织了材料，但针对问题没有给出明确的回答。结语旨在总结结论，阐述这篇论文究竟取得了什么发现，在认识上有何推进。结语没有写好，就等于没有充分挖掘好论文的价值。如果研究者希望所有证据都发挥作用，希望验证假说的过程以及假说所蕴含的理论价值和政策含义都能让人理解，希望论文有更大的价值，那么就必须把它们交代清楚。明白了写好结语的重要性，接下来就需要搞清楚结语的组成部分。

结语一般由五个部分组成：基本结论、理论价值、政策建议、研究展望和研究局限。在结语部分，应该有一个核心的锚，即假说及其检验，这五个部分都应紧紧围绕这个"锚"展开。相对而言，基本结论、理论价值与政策含义要紧紧围绕假说检验展开比较容易理解，为什么研究展望和研究局限也应该围绕假说及其检验展开呢？这是因为研究局限和研究展望的讨论范围都是有限度的，这个限度就是这篇论文中的假说，如果这两部分的内容超出假说检验的范围，就会喧宾夺主。

（一）基本结论

基本结论是指针对引言中提出的问题和研究目标，以结论的形式对研究结果进行总结，其重点是给出已经通过检验的假说的准确内容。基本结论也就是我们平常所讲的研究发现或者观点。

1. 总结什么

实证分析部分主要是对研究细节的详细展示，其内容比较多，不便于读者抓住研究的主要观点和关键结论。因此，在论文的最后一部分中，作者需要对研究的主要结果或发现进行总结，以便让读者对研究的最重要内容形成一个观点性的认识。结语部分的基本结论不是对实证分析部分分析结果和讨论的复述，而是对分析结果和讨论更进一步的概括和抽象。

2. 具体特点

研究者往往希望撰写一个短小精悍的结语。为了达到这一目标，可以留意以下写作要点：一是要对应，即结论是针对实证论文的研究目标和研究问题而存在的，要将注意力集中于论文内容本身，避免出现天马行空、中心不突出等问题；二是要具体，即明确所检验假说的具体内容，这是该假说区别于同类假说的关键所在，这就要求所提出的观点都应有相应的证据作为支撑，避免空疏和泛泛而谈；三是如实总结，即内容要准确，不能夸大，更不能总结出一个前文未能通过验证的假说来，甚至引用他人的观点来充数；四是要简洁，即突出重点、言简意赅。

3. 常用思路

比较常见的写作思路是：先写本研究的目标，然后写研究的主要发现是什么。这一部分可以用"主要结论"或"基本结论"做小标题。

4. 定量研究与定性研究的结论差异

以案例为主的定性研究论文与以数据为主的定量研究论文在结语部分还是有差异的，除了与定量研究论文一样要总结研究结果，定性研究论文还需在此基础上概括、抽象出新的理论概念或范式，而做好这一点恰恰是定性研究中最为困难的一部分。

【示例】刘西川、杨奇明、陈立辉：《农户信贷市场的正规部门与非正规部门：替代还是互补？》，《经济研究》2014年第11期。

结论

基于2013年浙江农户调查数据，本文在意愿调查基础上使用四元Probit模型实证考察农户信贷市场正规与非正规两个部门之间的关系。作为一个显著的特点，本文自始至终强调控制住农户信贷需求和另一个信贷部门的影响是可靠估计两部门关系的关键。实证分析结果既说明了这一领域研究在估计时仅关注农户借贷参与行为所存在的方法缺陷，也证实了四元Probit模型应用于直接估计两部门关系的必要性和合理性。

经过实证分析以及进一步考察，本文得出如下结论：

（1）农户信贷市场中正规部门与非正规部门存在互补关系，且正规部门借贷与非正规有息借贷、非正规无息借贷均存在互补关系，而这种互补关系在贷款对象为富裕群体时更加明显。

（2）互补关系具体表现在农户同时参与正规与非正规两个信贷部门，两个部门同时提供生产性贷款与消费性贷款以及共同支持某一借款者。通常认为，正规信贷部门主要服务于生产性贷款需求，而非正规贷款主要面向消费性贷款需求，但本文的实证结果并不支持这一认识。这主要源于如下两个方面的原因：首先，浙江省农村工业化和农业产业化程度较高，正规信贷部门不能完全满足农户的生产性信贷需求，一部分生产性信贷需求转向非正规信贷部门。其次浙江农村居民相对富裕，正规金融机构将其视为有较强还款能力的借款者，并开始向他们发放消费性贷款。

（3）正规部门与非正规部门实现互补的内在原因在于，它们各具比较优势，且能够策略性地利用对方行为所反映出的信息来制定贷款决策。某个部门的贷款者希望其客户能够从另外一个部门获得贷款，利用其他贷款者的存在及其对客户的管理可以更好地实现自身对客户的甄别与监督。具体反映在：正规部门与非正规部门所提供的贷款合约在借款金额、期限、利率、抵押担保等方面差别明显，它们在借款者甄别、监督以及合约实施方面所采用的方式、方法是不同的，其中最大的差别是，正规信贷部门注重抵押担保条件，而非正规部门则更依赖借款者自身在地缘和社会关系上的相关信息。本文的实证分析为两个部门策略性地利用对方比较优势的论断提供了经验支持。

从以上 5 段来看，该结语里提到了研究者所使用的数据（2013 年浙江农户调查数据）、研究方法（意愿调查和四元 Probit 模型）、研究目标（考察农户信贷市场正规与非正规两个部门之间的关系）及研究特点（控制住农户信贷需求和另一个信贷部门的影响），有三个结论（观点 1、观点 2 和观点 3）。这部分把研究什么、发现什么讲得很清楚。

如何才能避免总结不到位呢？第一个经验是要有针对性地总结，紧紧围绕引言提出的问题给出具体、明确的答复。例如，上面的示例中有三个观点，从观点 1、观点 2 到观点 3 分别对应的是三个问题：观点 1 对应的是正规与非正规部门是否存在互补性的问题；观点 2 对应的是二者存在互补关系的具体表现形式的问题；观点 3 对应的是二者存在互补关系的原因问题。第二个经验是要采用首句为中心句的写法，以避免观点不集中。例如，在上面例子的 3 个观点（也就是 3 个结论）中，观点 2 和观点 3 两段采用的就是首句中心句的写法。其中，观点 2 集中于互补关系的具体表现。首句是"互补关系具体表现在农户同时参与正规与非正规两个信贷部门，两个部门同时提供生产性贷款与消费性贷款以及共同支持某一借款者"。观点 3 集中于二者存在互补的原因。首句是"正规部门与非正规部门实现互补的内在原因在于，它们各具比较优势，且能够策略性地利用对方行为所反映出的信息来制定贷款决策"。

（二）理论价值

理论价值应揭示和提炼假说的理论意义，强调所检验假说是对已有理论的证伪、推进或完善。一般而言，理论价值这一部分集中于基本结论所反映出来的对该研究领域的贡献以及启示，且更侧重于启示。

1. 写作难点

理论价值部分的写作难点至少有两个。第一个难点是一般化，该部分要在理论层面展开探讨，而不是就事论事，或者是仅局限于论文所揭示的经验内容。研究者对所引用的理论概念要很讲究，初学者经常会犯错，出现引用不恰当、乱引用或者引用多个理论概念，他们误以为多多益善，结果却适得其反。第二个难点是要有"靶子"，这需要将视线拉回引言和文献综述，因为理论价值和论文的研究目标及立意有关。很多时候，初学者感觉理论价值部分无话可说，或者是说不到点子上，都是因为他们在研究目标上没有从理论角度思考该项研究有何具体作用或贡献。研究者从一开始就要问问自己：这项研究是否可以证伪某个假说、是否可以完善或推进某方面的理论认识。小结一下：第一个难点表明，理论价值这一部分写作不宜将重点集中在经验内容或经验发现上，它至少应从理论逻辑上为某个理论（或理论认识）添砖加瓦；第二个难点表明，这一部分写作要有针对性，要能与引言和文献综述中的问题和假说遥相呼应。

2. 两种类型

理论价值有两大类：第一类是正面的，就是证实了已有的认识或假说，"证实"也包括推进或完善已有认识；第二类是反面的，就是挑战或证伪了已有认识或假说，即用新的数据和研究设计发现原先某个假说不成立。在下文的两个示例中就有一个是正面的，一个是反面的。

3. 揭示和挖掘

有了经验发现之后，如何找出理论含义呢？一篇论文的理论含义是区别于已有某个具体理论认识而存在的，可以将论文里的理论含义视为新的认识，而将原有的理论视为旧的认识。为了找出理论含义，最为常见的方法是比较，可以瞄准文献综述中的问题分歧点，试图将两个理论认识放在一起进行审视。一般而言，以假说形式存在的新的研究发现为重新认识和反思原有的理论认识提供了条件和支持。具体可以比较两组内容：第一组内容是新、旧两个经验发现，其中，新经验发现来自论文中的计量估计结果，而旧经验发现来自已有相关文献中的计量估计结果。第二组内容是新、旧两个假说，其中，新假说是论文中要检验的，而旧假说则代表的是已有认识和观点。也就是说，揭示理论含义需要在把握这两组内容的基础上进行，重点是后一组内容，难点是将两个经验发现的差异与两个假说的交锋点相结合。

4. 写作经验

理论价值部分最重要的任务就是针对前文的文献综述部分来阐明本文经验发现的理论含义，以下分享几条具体的写作经验。①写好第一句。理论价值部分首句就要能紧扣论文的主题（问题或假说）。一般而言，论文所使用的理论概念或理论分析框架本身就表明了作者的观察视角和分析思路。②不要无中生有或天马行空。应该尽量避免在结语部分大篇幅地讨论前面根本没有涉及的新文献或理论。③最好只写一个理论启示。通常，一篇实证论文能取得一个有价值的理论启示就非常好了，这也就意味着，结语写理论启示时最好能集中于一点。

【示例1】（正面的）：吴敏、周黎安：《晋升激励与城市建设：公共品可视性的视角》，《经济研究》2018年第12期。

本研究的贡献在于加深了对于官员绩效考核及其影响的理解，不论是客观还是主观绩效考核均会导致"可视性"绩效和"非可视性"绩效的分野，非可视性偏差最终会导致官员的策略反应，比如出现"重地上、轻地下"的现象，对公共资源的配置带来扭曲性影响。

【示例2】（反面的）：刘西川、钟覓琦：《合作金融组织剩余控制权的另一种可能——分权型及半阁实例》，《财贸经济》2018年第10期。

本文的理论价值主要体现在：揭示了合作金融组织分权型剩余控制权制度安排的实现存在可能性，挑战了合作金融组织剩余控制权唯一性实施的主流认识，并借助案例初步概括了合作金融组织根据风险匹配原则并非唯一性地实施剩余控制权的内在逻辑，即成员入股是基础，成员之间明确、具体的担保关系是实施剩余控制权进而管理风险的核心内容。

（三）政策含义

政策含义是将文中假说的理论逻辑应用于某个具体的实践场景，在理论逻辑的指引下尝试提出某个现实问题的具体解决思路。政策含义是从哪里来的？政策含义是瞄准问题和认识分歧点，从基本结论引申而来的。政策含义所针对的具体问题应该是引言部分提出的现实问题。政策含义展示了"目标——环境条件——策略"三者之间具有指向性的动态逻辑，即从某个特定的环境条件出发，采用某种更有效的策略来实现目标。

1. 新在哪里

为什么针对某个现实问题，能提出新的认识、态度和解决思路呢？或者说，新的认识、态度和解决思路的高明之处是什么？我们应该认识到，针对同一个现实问题，不同的理论认识就意味着不一样的解决思路。如果在理论认识上没有真正的推进和创新，那么政策含义的"新"就是一句空话。蹩脚的政策含义其实就源于理论新意不够。因此，务必要将所检验的假说吃透，因为其背后隐藏着新的理论认识和政策含义。

2. 内容与类别

政策含义主要有两类：一是态度和看法类，二是思路和措施类，大部分实证论文的政策含义都集中于后者。这两类政策含义其实都有相应的"靶子"，态度和看法类政策含义的靶子就是假设有一种错误的态度和看法存在，而思路和措施类政策含义的靶子就是针对某个问题曾有几种思路和措施，但它们都不够有效和理想。

3. 写好政策含义的两个要点

第一个要点是，政策含义要聚焦、要有针对性。政策含义的发力点是前面引言里提出的问题和文献综述里的认识分歧点。最尴尬的事情是政策含义里的现实问题和引言里的现实问题不一致，驴唇不对马嘴。换言之，政策含义要能反映出针对引言问题，作者在实践或行动上所提出的新认识，应体现出该文与同类研究的差异性。第二个要点是，政策含义是基于论文内容提出的，即写政策含义要准确、贴切，一定要严格依照前文分析得出的结论来写。不是基于前文研究发现的结论，哪怕是正确的也不应涉及。更为严谨的做法是，在一篇实证论文里，所有引申出政策含义的主要论点都要经过严格的计量经济分析。有一个误区是，一些初学者在论文中写了一大堆的政策结论，每一句话都对，但真正跟自身研究有关系的政策建议却寥寥无几。从本质上讲，他们是根据别人的而不是自己的认识来提出政策含义。

【示例】刘西川、杨奇明、陈立辉：《农户信贷市场的正规部门与非正规部门：替代还是互补？》，《经济研究》2014年第11期。

基于上述结论，本文认为，应以"互补"视角看待中国农户信贷市场中两个部门之间的关系及其未来发展。在农户信贷市场自然演进的过程中，正规部门与非正规部门相互嵌套在一起。即使在经济发展水平较高的浙江农村地区，无论是非正规信贷部门中的有息借贷还是无息借贷对于正规信贷部门的发展而言都是不可或缺的。因此，理性对待非正规信贷的态度应是视其存在为合理的，并对其进行适当的监管，而非对其一味打压甚至试图"消灭"它，否则虽然可以实现压缩非正规信贷部门的空间但可能恶化正规信贷部门的贷款环境。

互补视角同样是加强正规信贷部门与非正规信贷部门合作的重要指导。从国内外实践来看，建立正规金融和非正规金融之间的金融联结将是发挥两个部门比较优势的重要发展方向。首先，非正规信贷部门的某些做法和贷款技术值得正规信贷部门学习、模仿和借鉴。例如关联交易、小组贷款等特别需要借鉴非正规借贷在收集客户"软信息"并基于客户经济社会特征设计相应的监督与合约实施机制方面的经验。其次，应加强正规金融机构与农民专业合作社等组织的合作。例如：对于生产性贷款，正规金融机构可以与农民专业合作社进行合作，发挥此类组织降低交易成本等优势。在消费信贷方面，可以与农村的合会等组织合作，这将可能为尚未达到一般商业银行贷款标准的农户提供金融服务。最后需要指出的是，非正规金融毕竟是一种组织形式相对低级、处于政府监管之外的制度安排，存在着不可克服的内在缺陷（林毅夫和孙希芳，2005）。因此，有必要对非正规借贷尤其是有息借贷实施监测以避免它们所产生的不利影响。在这方面，建议监管当局激励、引导非正规借贷者提供相关的合约条件，如数额、期限等，同时提供相关的经济社会关系，如关联交易等信息。这不仅有利于对非正规借贷进行监控，更重要的是，还有利于正规金融机构"共享"这些有价值的信息。

政策含义包括两类：一类是态度和看法，另一类是思路和措施，两类都有靶子。在上面的例子中，态度和看法的靶子是有人对非正规金融的态度是打压和消灭，其认识根源是认为二者之间是替代关系。与之不同，该文在态度上的新意体现在从互补角度出发，认识到非正规金融存在的合理性。思路和措施的靶子是压缩非正规金融的活动空间。与之不同，该文在政策措施方面的新意体现在"建立正规金融和非正规金融之间的金融联结将是发挥两个部门比较优势的重要发展方向"。具体而言，这个"联结"细化为：①正规部门积极向非正规部门学习；②在组织上创造条件；③强化对非正规金融活动的政府监管。

（四）研究局限

研究局限是指论文在检验假说的过程中因客观条件等原因而存在的不足。由于社会科学研究对象的特殊性以及社会科学研究面临的种种客观困难，任何一项具体的经验研究都会或多或少地存在一些局限性，即这样或那样的不足。研究者既要承认、也要正确认识这种局限性，同时还要实事求是地向读者报告和说明自己研究存在的局限性。

研究局限主要是针对研究结论而提出的。这种局限性主要体现在两个方面：一个是视野方面的，另一个是条件方面的。视野局限针对的是研究范围。在特定的研究范围内，该文的研究结论是成立的，有效的，是绝对不能被人家挑毛病的；而一旦将范围扩展或改变，这些研究结论就需要重新审视。条件局限是指，由于数据的有限性和方法的不完备性等原因，研究结论或研究本身存在局限性。简言之，实证研究易受视野、数据和方法所限。相应地，写这部分也主要是从上述两个方面展开，大多数时候论文对条件局限谈及的比较多。

【示例】刘西川、陈立辉、杨奇明：《农户正规信贷需求与利率：基于 Tobit Ⅲ 模型的经验考察》，《管理世界》2014年第3期。

最后需要指出的是，本研究今后至少应在以下两个方面继续推进。（1）数据方面。本文使用的是浙江农户数据。随着利率市场化的全面推进，以及中西部地区经济发展水平的提升，有必要尝试利用全国层面或其他经济欠发达地区农户数据进一步验证本文所得出的主要结论。（2）其他合约条件方面。本文在分析中未能控制其他合约条件如抵押担保、期限等对利率的影响及其对信贷需求的影响，后续研究中应考察这些合约条件及其影响。

（五）研究展望

研究展望是围绕论文所提出的问题或假说，探寻进一步推进该领域研究水平的一些新设想。在指出自己研究不足的同时，研究者还可以依据自己研究的结果，指出今后有哪些问题值得进一步研究，有哪些方向值得进一步探讨。这些内容往往会给以后的研究者提供一定的方向和启发。

研究展望可以积极地从正面、肯定的角度提出改善已有研究的方向和具体思路。具体而言，有两种研究展望：一种是针对研究局限的某一个点入手；另一种是从其他竞争性假说入手，例如从问题分歧点和研究设计来展开。

【示例】陆铭、陈钊：《城市化、城市倾向的经济政策与城乡收入差距》，《经济研究》2004年第6期。

在进一步的研究中，如何更好地选取指标来反映各项经济政策对城乡收入差距的影响，特别是进一步减少变量可能存在的内生性问题对统计结果造成的影响将是值得努力的方向。

四、结语写作的要点及其他

（一）拆解

如前所述，结语包括基本结论、理论价值、政策含义、研究局限和研究展望。结语的核心目标有两个：一是表明观点，即本文暂且接受的假说；二是论证结论的价值及该研究的创新性。写好结语仍然要以论证为主。从目标来讲，是阐明和论证创新性；从具体实施动作来讲，是总结、一般化、应用、反思和推进。表7.1按照功能、动作和对象对结语五个部分所包括的具体内容进行了拆解和汇总。

写好基本结论的技术要领是总结（动作）最重要的实证分析结果（对象），确定通过检验的假说是什么（功能）。

写好理论价值的技术要领是针对暂时接受的假说（对象），通过理论概念进行一般化（动作），以获取更抽象的理论认识（功能）。

写好政策含义的技术要领是将理论认识应用（动作）于某个具体场景（对象），从而提出更有效的解决思路（功能）。

写好研究局限的技术要领是反思（动作）检验假说过程中可能存在的不足（对象），将研究结论"保护"在可接受的范围之内（功能）。

写好研究展望的技术要领是推进、尝试（动作）新的思路、方法与条件（对象），提出新的研究设计（功能）。

表 7.1 结语五部分的动作、对象及功能

五个部分	动作	对象	功能
基本结论	总结	实证分析结果	通过检验的假说
理论价值	一般化	暂时接受的假说	更抽象的理论认识
政策含义	应用	运行逻辑和具体场景	更有效的解决思路
研究局限	反思	假说及其检验	保护研究结论
研究展望	推进	新思路、方法与条件	提出新的研究设计

在结语部分，相对研究的具体结果来说，围绕结论所做的价值论证往往会更加深入、更加宽泛，意义也会更加重大。因此，写好理论价值、政策含义等部分，可以大大提升论文的意义和价值。当然，这一部分既是撰写结语时最为困难的地方，同时也是最能体现研究水平的地方。

(二) 基本功

1. 概括

概括的具体思路是：①先明确目标；②按照问题和假说，概括主要的研究发现；③概括论文的研究思路和方法。概括应做到客观，尤其是概括研究结果时更应注意。应简要描述新发现取得的过程，只需要摆出事实、数据等论据，强调研究过程的客观性和逻辑性，避免主观的议论。如果研究者对此结果有看法，可留到随后的讨论中进行。

2. 论证

称得上科研成果的论文，一定要有新发现、新假说或新理论。结语部分的重要目标之一就是论证论文的创新点。一般而言，论述创新点要回答三个方面的问题：①创新点是什么，论文要清晰地表述作者所提出的新发现、新假说和新理论，界定相关

概念和变量的内涵和外延；②为何要提出此创新点，论文要交代清楚创新点提出的实际背景或理论背景，作者既要说服自己也要让读者感受到这样的创新点的确有实际意义和学术价值；③这个创新点是否成立，论文需要提供已有研究不足、自己论文的研究思路和相应的研究内容与结论等证据，来支持论文的创新点。为了回答上述问题，结语部分应简洁地叙述以下内容：创新点的表述、创新点的理论和实际背景评述以及创新点的论证。"表述"反映了论文的具体贡献，"评述"衬托了论文的真正价值，"论证"则表明了创新点的可信程度，三者环环相扣、缺一不可。只提出某种观点、说法或模式而缺乏背景评述，读者就难以了解论文的创新价值和作者研究的意义，而有价值的假说一定需要得到充分的论证支持。此外，论证还体现在，对于同样的分析结果，不同的研究者或读者可以得出不同的结论。结果表述中可以包括同类分析结果的比较，也可以由此揭示本文和前人分析结果的不同，以衬托出本研究工作的创新之处。

3. 比较

可比较的对象和范围其实很广。常见的是：①将假说的理论阐述与实证分析结果进行比较；②将自己的研究与别人的研究进行比较；③基于同样的经验证据，对不同的理论解释进行比较。

比较的一般目标是寻找一致性和差异性，无论是同或异，都要关注其背后的原因。比较的更重要的目标是寻找相同的或不同的解释机制。

和比较有关的一种做法是对照。对照的目标比较单一，就是寻找两个或多个事物的不同点：不同的存在方式、不同的特征、不同的理念和后果等。在研究中，对照是常用的基本功，选择什么作为参照系，即选择对照的标准是什么，反映的是专业研究能力。

4. 一般化

很多论文的资料完备充实，论点也鞭辟入里，但就是在局部问题上打转，不能将其拓展升华。这是由于研究者进行一般化的功夫不够。一般化是把问题的结论升华，通常是联系到该领域的重大问题，或者是使用抽象层级更高的概念（如理论概念），以此来提炼研究发现。

一般化始于对具体问题的论证，最后在总结阶段升华，和一般性表述联系起来。当然，最重要的还是通过经验证据来支持结论，如果结论没有得到证明，仅是使用抽象性的概念来增强它的力量，反而会适得其反。

【示例】周其仁：《研究真实世界的经济学——科斯研究经济学的方法及其在中国的实践》，载于张曙光（主编）：《中国制度变迁的案例研究（第1集）》，上海人民出版社，1996年第1版。

把实例一般化。实例包含了回答问题的要素，但是实例本身并不能自动地回答问题。从实例的研究得出对真实世界里经济制度、经济组织和人的经济行为的理解，中间还需完成一个跳跃，这就是把实例一般化。回到科斯的企业研究中：他不但调查了一批美国企业"在什么情况下购买、在什么情况下制造"的实例，而且从中把各个不同的现实情况一般化为如下这样一个判定："如果企业为购入要素自己制造而支付的费用低于它直接从事产品买卖的费用，企业就制造；反之，企业则购买"。这个一般性判定是思维上惊险的一跃，因为科斯从中提炼出一个更为一般的经济学概念——交易费用。经此，"企业"和各种复杂合约就如同"产品和劳务"一样，变得"易于处理"了。以往的经济学忽略了交易费用，或者不言自明地"假设"交易费用为零，所以无法分析市场里的各种组织；科斯从实例中一般化判定，从而提出交易费用，据此扩充了原有的经济学分析框架使之可以"处理"企业问题。因此，当我们读到"企业的组织费用在边际上等于企业支付的市场交易费用"时，我们再也不会吃惊这已经是一个标准的经济学的句子了。这说明，科斯的实例研究可不是满足于那些"可以一把火烧掉的描述性资料"，他要"咀嚼"实例，把实例一般化，直到得出"既真实、又易于处理的"前提性假设。

（三）策略

1. 结语是以问题为导向

写作结语时，有必要提前问自己以下五个问题：①论文的目标是什么？该论文是否达到了这个目标？②论文引言最初提出的问题是什么？文献综述部分呈现的认识分歧点以及提出的新假说是什么？准备用怎样的结论去回答这些问题？③与已有认识相比，论文结论有何区别与联系？如果有区别，背后的原因是什么？（可以从理论基础、研究设计、数据等方面来探讨。）④结论有何价值或者不足？例如，论文结论对于推进某个方面的理论认识是否有帮助？针对某个具体的现实问题，基于论文结论所提出的解决方案是什么？⑤展望未来，就论文所涉及的领域，新的方向或值得进一步研究的问题是什么？

2. 结语至少要"再次"陈述论点和分论点

为呼应前文，结语部分需要再次强调读者在论文一开始所读到的内容，重申本文的核心观点。更重要的是，结语部分的关键作用还包括强调论点与分论点的重要性和相关性,以及让读者感受到论文的连贯性和完整性。

3. 结语部分是嵌入在论文中的

结语的写法是嵌入式的,即需要将结语嵌入在经验背景、文献综述、研究设计和实证分析中。因此,要考虑并尽可能地交代结语和前面引言等部分的关系。具体而言,作者至少要在脑海里将结语与引言、摘要、文献综述、研究设计和实证分析的联系逐个回顾一遍:①结语部分要和引言遥相呼应,回答问题,实现目标;②结语部分要嵌入文献回顾,凸显本研究可能的贡献与创新价值;③结语部分要总结实证分析,概括结论;④结语部分要对应研究设计和实证分析,表明结论是经过严格的实证分析得出来的。

4. 结语部分是一个逐渐展开的过程

在写作方式上,可以将结语部分与引言部分联系起来。通过对比可以发现,引言部分的写作要求从事实背景逐渐聚焦于研究问题;而结语部分的写作要求恰好相反,需要从比较具体的假说检验结果进行延伸、拓展,在一个更广泛的研究背景中讨论一些与研究结果相关的重要问题。

5. 结语的语气是肯定的

与引言里的假说还是猜测不同,在结语部分,研究已是"尘埃落定",假说已经过验证、有了定论。结语中的结论实际上就是阐明此时已经得到验证的引言部分的假说,只是表述方式不同。结语和摘要、引言中的创新点应该一致,但结语部分可将有关内容写得更加充实一些。

6. 结语有明暗两条线

明的那条线是瞄准问题和假说,给出假说检验的最终结果;

暗的那条线是对新、旧认识应有区分，应在文献回顾的基础上论证新假说的价值和意义。

7. 结语好比一个长有倒刺的鱼钩

这个"鱼钩"是通过检验的"假说"，鱼钩上有几个倒刺，它们分别是对引言里的问题、文献综述里的分歧点、分析框架里的假说乃至实证分析里的计量估计结果的回应。

建议初学者做如下尝试和训练：准备写一个结语时，心里先想一下①你最想告诉读者的是什么；②围绕主要结论，为读者提供一个完整的故事；③做一个总结，反复修改，尽量不要将"针对某个目标、采用某个思路、取得某个发现"的句式反复使用多次。其中，特别需要注意的是，在结语中有必要重新组织语言，不能复制、粘贴其他地方的句子，要使用不同的句子来表达。

可以按照以下三个标准检查结语：第一个标准是能否用一个句子来强调研究的重要性，例如，强调所得出的研究结果与前人的发现不同，这个标准可以称为重要性标准。第二个标准是主要观点能否有逻辑地联结起来，这个标准可以称为逻辑性标准。第三个标准是能否指出论文所得出的基本结论与哪个理论或概念有关联，这些结论之于理论有何意义，这个标准可以称为理论性标准。

（四）其他

1. 结语部分要有概括性，应首先概括主要发现

用已完成的语气来概括全文的工作，尤其要明确交代所提出的假说是否通过了检验。

2. 总结研究发现，分条来写

对引言中提出的问题应给出明确的答复，根据问题，一条一条来答复。

3. 论证创新点

创新点集中在以下两个方面：一是理论上完善或推动了什么认识；二是经验上提出了什么不一样的建议，与已有研究有什么区别。论证需要结合研究内容与相关文献。

4. 写结语时一定要牢牢记住两个"不要"

一是不要再将实证分析结果重新抄一遍，这是徒劳无功的；二是不要将别人的东西或者是与论文不相干的内容纳入进来，这也是毫无意义的。终归，一篇论文的结论还是自己检验、论证出来的。

5. 结语部分不宜夸大和过度引申

结语部分包括对分析结果的理论价值和实际意义的讨论，可以结合相关理论加以比较分析，衬托出本研究发现的理论意义，也可以用现实需求来衬托出本研究发现的实际价值。但要注意，不要夸大和过度引申结论及其推论的应用范围，其中特别要注意结论成立的条件和范围。

6. 不要过度重复

结论部分要简短、有趣，不要过度重复。有的内容摘要里提一次，引言里提一次，正文里提一次，这已经够了！并且摘要、引言与结语三部分均涉及的内容，文字表述上要有区别，不能重复。例如，《〈中国工业经济〉稿件修改注意事项（试行）》中第11条明确规定"摘要、引言、结论部分的文字不能重复"。

五、小结

结语包括基本结论、理论价值、政策含义、研究局限与研究展望五个部分。其中，基本结论就是已通过检验、暂时可以接受的假说。理论价值是对新假说在缩小理论与实践差距或认识分歧方面的潜力的挖掘。政策含义则是基于实际场景对基本理论的运用。研究展望和研究局限也都应围绕假说及其检验展开，研究局限和研究展望都应该是有限度的，否则就会造成喧宾夺主、埋没基本结论。

结语是总结、是答复、是反思、是展望，也可以说它是另外一个开始。形象地讲，结语所包含的基本结论、理论价值、政策含义、研究局限与研究展望都是研究长河中的一个个"片段"，如图 7.2 所示。从图 7.2 中可以得出以下三点重要认识：第一，结语里面最重要的是基本结论，它是根据论文内容概括而来的，它是理论价值、政策含义、研究局限与研究展望四个部分的基础。第二，理论价值、政策含义、研究局限与研究展望通过一般化、应用、反思与推进等动作，和基本结论有机地衔接起来。第三，研究展望和研究局限都应围绕假说及其检验展开。

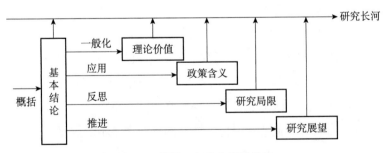

图 7.2 结语五部分之间的关系

从态度上讲，结语部分要做到：不能简单重复，更应强调论证；不能草率收场，更应扩展讨论，要能引起读者的共鸣，要给读者留有余味；不能空穴来风，所有讨论和论证都要基于前面的实证分析。

思考与练习

1. 搜集两篇自己感兴趣的实证论文,反复研读后回答:从待回答和待解决的问题、假说是否得以检验、检验假说能推进什么理论认识三个方面,体会这两篇论文结语部分的内容与写法,并比较这两篇论文写法上的异同。

2. 挑选一篇自己感兴趣的实证论文,按照"功能—动作—对象"对该文的"基本结论""理论价值""政策建议""研究局限"及"研究展望"五个部分进行技术性拆解。

3. 围绕某一个研究主题,搜集并研读至少五篇实证论文,针对论文结语部分进行分析,找出这些论文中的"基本结论""理论价值""政策建议""研究局限"及"研究展望"等具体内容,并比较它们在写法上的异同。

第八讲　实证论文写作：路在脚下

内容提要：如何才能把实证论文统起来，并写得更有味道呢？我认为需要把研究和写作视为一个过程，反复和反馈是常态，关键是要抓住论文的核心和线索——实证论文的核心是假说，线索是提出问题和假说并检验假说。引言很重要但不好写，写引言要换位思考，从读者的角度来看，引言是在讲一个完整的故事，写的过程重在论证。文献综述的目标是发现问题和提出假说，从问题到假说的飞跃必须借助新的理论视角。研究设计先要遵循规范，然后再讲竞争性，充分考虑多种研究策略的存在。实证分析的主要工作是识别和推断，其核心就是不停地做"排除法"，应避免陷入线性思维和单一模式。在结语部分，假说以研究发现或结论的形式出现，然后是基于发现或结论的进一步阐发，也可以说，结语是更大范围地对所提出并加以检验的假说的讨论。

　　本讲提纲

　　一、研究是一个过程，需要反馈

　　二、实证论文的核心是假说

　　三、引言很重要但不好写

　　四、文献综述与提出假说

　　五、研究设计先要遵循规范

六、实证分析做的是"排除法"

七、结语是更开放的讨论

八、还需要交代的地方

对于初学者而言,要完成一篇完整的实证论文其实还是很有难度的,主要难在以下三个方面:

第一,该掌握的技能没有掌握,导致该有的部分没有或者即使有也未能发挥其应有的功能。针对这个方面的问题,我的建议是,脑海里要先建立起一个由功能、动作及对象构成的框架。不管是研读好的范文,还是写自己的论文,都要认真揣摩实证论文各主要部分的功能,写好该部分应该掌握的动作及其作用对象。通过揣摩和训练,把自己不会的、不熟练的变成会的和熟练的。在这个方面,本书前面从第二讲到第七讲,每一讲都是专门针对实证论文的某个主要部分展开,并重点讨论了各部分对应的功能、动作和对象。读者可以根据这六讲提供的指导原则和具体方法反复揣摩和操练。例如,可以找一篇实证论文,按照作者的思路将其所提供的数据练习一遍。

第二,即使该掌握的技能都掌握了,该有的部分都有了,仍然感觉论文难以统起来,即有部分、但没有整体。论文统不起来主要表现在两个方面:一个是在思维上,还没有真正领会实证论文写作的关键是假说证伪,假说应贯穿整个研究和写作过程;另一个是在论文内容上,没有做到每一个部分都瞄准和紧扣假说证伪这个目标,并且相互之间缺乏衔接和呼应。论文统不起来,就容易导致主要内容概括不起来,最突出的体现就是"摘要""引言"和"结语"写不好。相对而言,这三个部分都是独立成文的,都要对这篇论文的假说检验有一个高度总结。如何才能统起来呢?我的经验是:对范文反复揣摩,并且多次练习摘要、引言和结语写作,与此同时积极虚心向师友请教。

第三,即使该有的都有了,也统起来了,但感觉实证论文的"味道"还是差了一些,不够纯正。之所以觉得"味道"差了一点,是因为实证论文的价值和创新还不够。因此,要把实证论文的"味道"做出来,获得人们的认可,就得从创新和推进理论认识的角度来审视和统筹全局。也就是说,从一开始,就要从创新的角度来思考文献综述、研究设计和实证分析,而不是按部就班、操练一遍了事。同时还要从创新的角度来布局,完成摘要、引言和结语部分的具体写作工作。为了达到这些目标,就需要将追求创新放在首要位置,通过文献综述找到真正的问题、提出有价值的新假说,并且在后续的研究设计和实证分析部分保证对这个新假说的检验是合理的。

当然,实证论文写作之所以困难还和研究者的态度、认识有关,对此我们在第一讲就重点讲过,这里不再赘述。

本书特别强调的"动作—对象—功能"分析框架,这里也不再重复了,因为从第一讲到第七讲一直在重复这一观念。从具体练习来讲,讲清楚了功能,就是讲清楚了目标,目标就是更好地发挥功能,讲清楚了目标,动作才会有方向,其作用的对象才能更加明确和具体。

在最后这一讲中,我将重点论述如何把实证论文统起来和写得更有"味道"。与第二讲至第七讲专攻论文中的某个部分不同,这一讲将重点关注论文的核心和线索,它们是使一篇实证论文"立"起来的关键。实证论文要统起来,每个部分都要指向研究目标、协同作战,相互之间要有联系,这种情况下就得多考虑论文的核心和线索。在我看来,论文的核心就是假说,它对全文内容起统摄作用,论文的每一部分都应和假说紧密相关,论文跑题其实说的就是文章内容偏离假说或者和假说关系不大。实证论文有明、暗两条线索。明线就是提出问题和假说并检验假说；暗线是指现有研究存在认识分歧点或空白，然后就此提出新的认识，此时的线索就是新旧认识上的比较与变化。实证论文写得更有"味道"，简单点来讲包含两层含义：第一，论文应有实质性的边际贡献和明显的创新，优秀的实证论文，无论是从整体还是从部分来看，处处都要有新意，从前到后都会给人新意迭起的感觉；第二，论文应符合学术传统和研究规范，即文章在构思、设计和具体操作中的思路和逻辑是能让同行接受和认可的。从更深层次来讲，应从可比性的角度来看待论文的内容与贡献，这个要求相对较高。

更进一步地来看，要将一篇实证论文统起来，就需要处处想到论文可能取得的边际贡献，每一部分都要服务于这个边际贡献。具体而言，写一篇实证研究论文，从开始构思到最后"竣工"，作者都需要在脑海中反复琢磨以下几个问题：

问题一：这篇论文研究的问题是什么（最好能用一句话来概括）？重不重要？

问题二：这篇论文提出的假说是什么？

问题三：这篇论文运用的理论是什么？

问题四：这篇论文使用的方法是什么？

问题五：这篇论文与其他研究有何不一样？新意在哪里？

一、研究是一个过程，需要反馈

要把论文统起来并写得更有"味道"，就得反复。所谓反复，就是说做研究、写实证论文，它是一个过程，有前有后，不能"掉链子"、不能脱节。之所以统不起来，就是因为某个地方缺失了或者"塌陷"了，一旦出现问题就需要返工。从过程的角度来看，实证论文写作既是一种逻辑思维活动，是提出和检验新假说的过程，同时也是论证新假说价值的过程。具体而言，作者需要把握好以下三个过程，在这三个过程中均要牢牢记住假说检验这个核心。

第一，构思准备过程。构思和写作实证论文是要有前期准备的。动手之前，应该已经完成了一些必要的前期研究工作，例如文献阅读、数据处理等。

第二，实际研究过程。实证研究包括文献综述、研究设计和实证分析三个主体部分，在完成这三部分的过程中，需要不停尝试、验证，一蹴而就的态度和做法是很难真正将内容统起来的，"统"本身就意味着研究是一个整体，要让每一部分和每一个环节都瞄准目标、贴切合理、匹配起来，做到自然衔接。

第三，写作过程。以检验假说来统领论文的六大部分，即摘要、引言、文献综述、研究设计、实证分析和结语。其中，文献综述对应于提出假说，而研究设计和实证分析则对应于检验假说，这三部分在逻辑上是有先后顺序的，即先提出后检验。从写作的角度来看，要统起来，关键还是要写好摘要、引言和结语，这三个部分都可以单独来写，其中摘要是高度概括的。一方面，摘要、引言和结语要和论文主体内容对应起来，否则就成了无源之水；另一方面，这三部分都要聚焦于"问题——假说——认识价值"来展开，这是统领的归宿。可以说，写好这三部分体现了作者对论文内容的整体把握能力。

在写作过程中，首先应从正向顺序来看待实证论文写作。除了正向顺序，还应从逆向顺序来看，这个逆向顺序就是反馈。反馈的第一层含义是检查，就是看原先的设想是否得到落实，并有助于目标实现。具体到某一篇论文，建议从"动作—对象—功能"角度来检视实证论文的六大部分。反馈的第二层含义，就是找老师和同学作为读者来看看这篇论文是否交代清楚了问题、假说、检验思路和经验证据等，这是从他者的眼光来审视检查论文内容，以免自己有遗漏。

在完成一篇实证论文的过程中，如果遇到了麻烦和阻力，还可以考虑以下"攻略"：

（1）面对一个庞然大物时，可以考虑将其分解，逐个准备、逐个击破。

（2）不会或不知道怎么做是常事，可以考虑向周围的师友虚心请教。

（3）时常将与自己所写论文相关的范文拿出来揣摩和拆解，寻找方法和启发。

（4）参与到老师的课题或论文写作中也是增加研究经验的好办法。

（5）具体写作时，多问问自己是否做到了内容集中，是否做到了前后对应，是否表述清楚了，等等。

二、实证论文的核心是假说

假说于一篇实证论文的重要性是不言自明的。假说直接和以下四个方面紧密相关：第一，假说表明所写论文是有结论和观点的。试想，倘若一篇实证论文没有明确、具体的结论或观点，那将是一件多么难堪的事情。所以，实证论文一定要有假说。由假说出发，经实证检验，得出本文的结论和观点，是一篇实证论文的基本规范。第二，假说表明所写论文是有问题意识的。假说是根据研究目标和问题提出来的，它是有针对性的，是对文献综述所提问题的正面回答。第三，假说能将理论认识与经验证据联系起来。之于理论，从假说可以看出理论逻辑内容以及概念之间的逻辑联系；之于经验，从假说可以看出相应的因变量、自变量及经验证据。第四，假说是贯通已有认识和新认识的。换言之，假说有新、旧之分，它们代表着不同的理论认识，而新假说就体现了对理论认识的推进。假说如此重要，再怎么强调都不会过分，这就要求在全文中处处都要有假说的"影子"。

明确了假说的重要性，再来谈谈什么是好的假说。一般而言，好的假说是可比较的、具体的。在我看来，好的假说至少要符合以下三个条件。第一个条件是假说应有理论基础，也就是说要与某个理论命题，或者至少要与某个或某几个理论概念直接相关，它不应该就事论事。显然，新假说从新的理论视角出发，要能推进理论认识的发展。第二个条件是可以运用数据、变量及指标对假说进行验证。具体来讲，在实证分析框架里，应该可以在数据的支持下找到相应的变量和指标来表征假说。第三个条件是假说要有靶子或参照，即在文献里可以找到与该假说可比较的假说。原则上讲，论文中的假说与其可比较的假说应围绕同一研究问题，是以不同视角展开的不同阐释与讨论。通常所讲的问题意识，更深层次的含义是指针对同一问题，能够想到多个假说的存在。

明确了假说并完成实证分析后，我们可以接受这个假说，认为这个假说很重要，且很有价值。接下来面临的是如何写的问题。要将实证论文各个部分统起来，需要努力做到以下两点：第一，要聚焦于假说，即每一部分都要和假说有关，都是为假说检验这个目标服务的；第二，要以假说为线索将论文内容衔接起来，论文结构安排要以假说为纽带，前后衔接也要考虑到假说。

具体而言，第一，论文题目要能反映假说及其检验。从表面上看，题目反映的是研究问题或研究内容，实际上题目的核心应能反映所提出和检验的假说。第二，实证论文的主体内容都应与假说有关。文献综述的主要目的是提出假说，研究设计是为验证假说提供分析框架和研究思路，而实证分析则是检验假说。论文的章节安排或目录不是做样子，而是要反映论文的主要内容与结构层次，要围绕假说展开，最好能与题目涉及的研究对象、概念或变量联系起来。第三，节标题要扣题，这个"题"就是假说。每一个节标题都最好能够和假说检验挂上钩，有的是为了提出假说，有的是为检验假说做准备，有的是直接检验假说。节标题不是标签，用节标题把正文内容简单分门别类是一种偷懒的做法。把节标题从前到后串起来，本身构成一个故事，而这个故事的核心就是所要检验的假说。摘要和引言里提出的问题，应有明确、具体的回答，而不能只是一个未知的、存疑的问题。第四，论文的结语部分也应聚焦于假说。结语部分总结全文，概括所检验假说的内容、理论含义及政策价值。

实证论文要想更上一层楼，还应把握住假说的不同形式和竞争性。从不同形式来看，一篇论文的重点或线索是假说，假说在不同地方都应有不同的具体呈现。具体来说，假说有三种呈现方式：问题、理论逻辑和经验证据。可以说，问题是假说的逻辑起点，假说因问题而生；理论逻辑是假说理论性的一面；经验证据是假说经验性的一面。相对而言，文献综述和研究设计更关注假说的理论逻辑，而实证分析更关注假说的经验证据。作者在摘要、引言和结语三个部分提及假说时,都要想到假说的这三种具体呈现形式。从竞争性来看,一篇论文应在假说、研究设计及实证分析方面"胜出"同一研究领域的其他文章。竞争性要求论文有种"货比三家"的感觉。这就需要在检验假说的过程中,不仅要关注假说内容上的新旧,还要关注研究设计和数据上的新旧。显然,想让自己的文章脱颖而出,就要做到知己知彼。

最后需要提醒的是:①不要忘记所检验假说的具体内容;②要重视假说的重要性和理论价值;③要交代清楚检验假说的思路和具体步骤;④要强调新假说及其检验思路(或方法)与已有研究的区别,缺乏针对性和对比性就难以直观明了地判断出假说的高低来。

三、引言很重要但不好写

引言很重要!引言写得不好,直接后果就是读者会选择放弃阅读该论文。那么,如何才能让读者有阅读下去的强烈欲望呢?这个时候就需要换位思考,想想读者最想了解的内容是什么。绝大部分读者想了解的是实证论文的核心观点、研究设计及相关经验证据,其中最想知道的是假说及其理论价值。

引言是在讲一个完整的故事。要有悬疑、有起伏、有高潮、有具体支撑,而非空洞无物的堆砌文字。所谓悬疑,是指有悬念、有疑问,能激发读者的好奇心。所谓起伏,是指认识有新旧,针对某问题,既有文献里的认识,又有论文中提出的新认识。所谓高潮,是指研究上的创新,当然,最吸引人和最打动人的还是新假说。写引言的时候,一定要记住将来是专业同行,甚至是专家来审阅这篇论文,他们会用专业的眼光来评价这篇论文。因此,要写好引言,就得提出好问题。在引言中,提出问题就是要找准理论与实践之间的差距以及人们在认识上的分歧。好的问题是先声夺人的关键。除了好的问题,还要有好的假说与有创新性的研究设计以及规范严谨的实证分析。

引言重在论证。作者在这部分最应该注意什么?有三个要点:第一,所提出的问题要能准确反映认识分歧点及其原因;第二,所提出的假说应针对所提出的问题,应富有洞见,应有推进理论认识的可能和潜力;第三,研究设计应针对假说、有新意,且能胜任假说检验的重任,其逻辑应自洽和严谨,尤其应保证在理论、模型和方法上与数据匹配。

如何才能在引言中更好地完成论证工作呢?建议引言采用六段论的写作方式。引言第一段先提出现实问题或者某个冲突、矛盾等,最后一句要引向文献。其中,现实问题要和所检验的假说有关联,它是假说的前奏。引言第二段是文献述评。应做到:①观点评述是重点,方法是其次,最好能看到观点上的分歧;②要根据问题对所综述的内容进行分类,忌讳罗列;③所综述的文献内容应与论文的研究内容或结论对应起来,最好是一个观点代表一支文献流派。文献述评的目的是找出认识上的分歧点或新的空白点。提出假说主要依靠的是分析或者辨析。之所以说提出的假说是新的,是因为选择了新的理论来研究问题。引言第三段是研究目标和研究设计。研究目标一般是推进了研究领域的某个方面。研究设计即为研究内容的思考和部署,对此需要交代清楚:①假说是什么;②选择什么理论来考察和讨论这个问题或假说;③具体的思路、方法和数据等;④研究特点。引言第四段是研究发现。研究发现应聚焦于假说,要交代检验假说的实证分析结果。引言第五段要论证与假说有关的理论价值和政策含义。理论价值包括：①所检验出来的假说与已有认识的异同，特别要揭示其中"不同"的含义和启示；②方法及其应用上的创新；③观点上的创新，这是最重要的。政策含义是指，基于所检验的假说，针对第一段所关注的重大现实问题，提出了新颖的见解和解决思路。引言第六段是结构安排段。这一段不能做成路标，好的结构安排段像是在讲故事，要有具体情节，内容上应有起伏。

引言应该具有完整性。可以用假说将引言的第一至第六段串联起来。当然，也可以从这个角度来检查引言是否写得完整和流畅。特别需要思考的是：①每一段的中心内容是否和假说有关；②每一段的第一句是否和假说有关。

四、文献综述与提出假说

假说是针对问题的，是以问题为导向的。问题产生于不同理论认识之间的比较，而集这些不同理论认识于"大成"的就是文献。从这个角度来讲，问题和假说是从文献中来的，可以通过梳理和分析文献得出。很多时候，初学者提不出问题和假说是因为对相关文献下的功夫不够深。因此，初学者就自己关心的领域，先要搜集、研读和分析相关文献，在比较过程中逐渐找出自己"心仪"并认为有竞争性的假说。

文献综述有两个功能：一个是提出问题，一个是提出假说。提出问题和提出假说是不同的，二者的区别在于，提出问题是在已知范围内确定认识分歧、找出产生分歧的原因，而提出假说是一种有逻辑的理论猜想。提出问题是比较，是对已有研究文献的归纳、对比和分析，它的目标是找出分歧点及其原因。而提出假说则不同了，它需要猜想，需要跳出原来的认识框架，需要悬空和俯视。提出的新假说往往需要有新的冲击，如读文献过程中产生的新的思想火花、描述统计中的新发现、实地调研中的新案例等。新的假说也意味着是从新的理论视角看问题。根据我自身的经验，提出新假说有三条途径：一是运用新的理论来思考和审视已有的认识以及认识之间的分歧；二是发现具有挑战已有认识的新经验证据；三是寻找支持已有认识的原有检验方法的问题和不足，提出改进的新方向。

假说应有四个特质：第一，假说要有针对性，即有问题意识，它是瞄准靶心的箭，这就要求提出的新假说要能和旧假说区别开来。第二，假说要有理论性，它应该是有理论关照的，即有理论基础，有核心理论概念。第三，假说要有具体性，假说应有具体内容，要有内在逻辑。第四，假说要有一定的可操作性，假说与后面实证分析的因变量和自变量要有直接关系。

为了更好地提出假说，还要把握好假说的三个阶段：第一，假说的雏形是问题，它针对的是认识分歧；第二，假说有其内在的逻辑，具体包括形式逻辑、经验基础、理论关照等；第三，假说以实证检验的形式出现，由指标来表征，可检验。

在提出假说部分，一是要讲清楚假说的内容，假说反映的是概念和概念之间的逻辑联系，新的假说都是以新理论"打底"的。二是要对假说进行分解。通常一篇实证论文就一个假说，但有时候会对一个假说进行分解，由此对一个假说的检验就转变为对几个子假说的检验。此外，在这一部分需要注意的是：①要聚焦，不宜牵扯太多内容；②要显著，为了从全局统筹地看待假说提出，最好能运用数据和计量模型提前估计一下，看看估计结果是否支持假说，通常只有显著的估计结果才能支持假说检验；③子假说之间要有逻辑联系，不应有冲突，并且最好能在分析框架中得以体现。

希望读者至少能够知道：第一，文献综述也是一种研究，是分析，包括很多具体的动作；第二，文献综述要有具体的对象，但这个对象不再是一篇一篇的文献，而是"研究元素"；第三，文献综述要有目标，目标就是要提出待检验的新假说。

五、研究设计先要遵循规范

研究设计的目标是提供检验假说的框架、思路和方法。一篇论文的研究设计既涉及引言部分的研究思路和方法，也涉及实证分析部分的计量模型与变量选取等。这里要重点说后一个方面，也就是与论文写作有关的内容。关于计量模型、数据、变量选取等，一定要交代清楚这些内容与所检验假说之间的关系，要考虑与检验假说的匹配性，其中特别要交代清楚选择某个计量模型和方法的依据。如第五讲所述，可以用弓、箭、靶子的思路来构思和部署研究设计，弓和箭都是朝向靶子的。

第五讲提到了三个图，即分析框架图、研究设计图和研究技术路线图，实证论文里不一定要有这三个图，但作者的脑海里一定要有。在研究设计部分，一般都要有一个分析框架。有些时候，可以用文献综述来做标题，这是通过文献综述来构建分析框架和提出假说。分析框架是为提出和检验假说服务的。搭建分析框架部分至少应注意三个方面：①构建分析框架的本质是在"选"理论；②可以通过文献及其内容来辨析问题、进而提炼出假说;③分析框架部分宜先总说后分说,倒着来讲,即与思考时的顺序相反,然后再讲有什么"不同",这个不同是亮点。分析框架很重要,它比单纯地讲计量模型或方法更能展示出作者对检验假说的考虑与思路。可以说,一些初学者写的实证论文之所以研究设计感不强,就是因为将计量模型或方法误当为研究设计了。

研究设计一般包括四个部分的内容:数据、模型、变量和描述性统计(主要起到初步验证的作用,较为直观)。在研究设计部分,初学者经常忽视对假说逻辑内容的展开。本应该在研究一开始就阐述假说内容,然后在计量模型部分用变量来"呈现"假说的内容,但这一点很多时候都被初学者遗漏了。同时,构建具体计量模型时,也要考虑相关的理论基础,尤其应注意在理论上要自洽。

写这四部分内容时,第一,每一部分都要能想到检验假说这个目标,至少要让读者能从数据、模型、变量中知晓所要检验的假说是什么。描述性统计也应和假说检验有关,它为假说检验提供了经验背景和初步验证。如果读完某一部分之后,发现与所检验的假说关联性不大,就需要谨慎和重视起来,并考虑进一步修改。第二,要讲清楚每一部分的具体内容。模型、变量及指标等的选取要有依据,如文献支持等,另外还应符合逻辑。第三,要讲清楚假说检验的具体标准。假说检验有两个标准,一个是统计意义上的,另一个是经济意义上的。需要在这个部分讲清楚由估计结果的哪一个部分(如某个核心解释变量的估计系数及其显著性)可以得知这个假说在统计意义上通过了检验。第四,要考虑到假说、计量模型与方法以及数据的匹配。特别是应讲清楚,变量和数据是如何配合在一起,实现了对假说的检验的。

研究设计这部分的难点是将假说转化为变量关系，进而变得可检验。具体而言，要把一个假说的理论逻辑转化为可检验的因果关系，具体到非实验数据，要有因变量、自变量和控制变量。这一过程可分三步走：第一步，要将假说用因变量和自变量组成的因果关系来表征；第二步，考虑并选择用什么指标来表征变量（包括控制变量）；第三步，考虑如何用数据来做识别和推断。统计意义上的识别工作量比较大，首先要看是否符合统计意义。经验上，证据应符合直觉，即读者或同行用常识和社会经验就能理解所提供的证据。此外，研究设计还要考虑到内生性等计量问题。

写研究设计应遵守规范，检验假说的程序和步骤是"一板一眼"的。研究设计最好体现出竞争性，即要考虑多种研究策略的竞争，这也是最难的。

六、实证分析做的是"排除法"

实证分析试图探寻假说的另一种形态，这个形态就是经验层面上的证据。这种形态在描述性统计部分还不够清晰，随着实证分析的推进，这种形态的假说会逐渐清晰化。就假说及其检验而言，必须明确，要给出具体的估计结果来支持假说，不要模糊化。所有的判断和结论都是基于严谨的实证分析及其结果展开的。

就假说检验而言，实证分析的主要工作有两个：识别与推断。识别，首先要落实统计意义上的显著性问题，对此，必须根据研究设计部分提出的假说检验标准，给予明确的判断和回答。具体来讲，识别有四个环节：第一，诊断性检验，这是前提；第二，基准回归；第三，相关计量问题处理；第四，稳健性检验。推断有两个环节，主要使用排除法：一个是从统计意义到经济意义，另一个是针对同一估计结果排除其他的竞争性解释。统计上不显著的变量不是关注的重点，至于为何不显著，只有必要时才需给予解释。使用排除法既要符合经验事实，也要获得研究同行的认可，其中的难点是推断，因为推断要排除掉多个解释，最后只剩下一个解释。当然，如果研究者脑海里的知识储备不够，解释不充分，说服力就会打折扣。

实证分析这一部分最基本的要求是"人有我有"。例如，与同类研究一样，都应包括诊断性检验、相关计量问题处理和稳健性检验等。具体而言：第一，报告统计检验结果，验证模型选择的合理性；第二，有几个假说一般就有几个小节，最后留一节做稳健性检验；第三，只解释和讨论显著的计量估计结果；第四，统计计量工作只是验证假说的一个支撑点，不够的时候，还要用讨论也就是语言文字来完成"最后一公里"。在这个方面，要保证完整性和严谨性，不要让同行觉得他能做到而你却没有做到。

要写好这部分，还是首先要做到聚焦假说。实证分析的每一部分内容都要紧紧围绕假说来写，尤其是每一段的第一句都最好能和假说挂钩。其次，这一部分同时还要提供一些计量估计结果的表格，这些表格的制作也要按照假说检验来设计和处理，最忌讳的是面面俱到。如果把涉及的每一个变量都囊括进来，把计量估计结果作为诊断结果呈现出来，然后从前到后将表格的数字转化为文字，那么这样做显然并不能达到实证分析的目的。最后，还要做到两个对应：第一个对应是计量结果要和研究设计对应；第二个对应是计量结果要和问题、假说对应。这两个对应可以将实证分析和前面的文献综述及研究设计有机地联系起来。

实证分析要写得有力、全面，就要避免陷入线性思维和单一模式。线性思维和单一模式的做法很常见，即从前到后用模型把数据跑一遍，找一个最适合的数据结果进行分析，其最大的弊端在于缺少竞争和对话。

七、结语是更开放的讨论

在结语部分中，经过检验的假说以研究发现或结论的形式出现，然后基于发现或结论做进一步地阐发。写好结语需要有全局观，即明确针对问题作答，前后一致，不仅要关注经验证据，还要关注假说的逻辑合理性、研究设计的新意等。

写结语最担心的问题是和引言相似甚至是重复。首先需要对二者的共同点和不同点做到心中有数。在此基础上，写作时应主要突出二者的区别。引言针对的是问题，更强调问题的来龙去脉、如何提出并检验新假说等；而结语部分则强调已取得的认识及其价值与意义。

写结语还需要注意以下几个方面：第一，与引言里那种尝试检验的语气不同，结语应使用确定语气来写检验假说的结果，感觉就像是飞机落地；第二，依次总结论文的研究目的、研究设计、实证内容和方法特点等；第三，结论即研究发现，可按检验假说来写，并按重要性排序；第四，政策含义要紧扣引言里的现实问题，要能给出新的理解和解决思路，其中依据的论点必须是前文实证分析所能提供的。

八、还需要交代的地方

前面所讲的内容都是从论文整体架构和主要部分来讲的,要写好论文还有若干细节需要重视:

(1) 行文建议采用"总分总"的方式,最好每一段都有中心句,以此来统领该部分的所有内容。

(2) 论文的很多部分都是多种方案尝试后比较的结果,应能体现出多选一,不论是方法、指标还是结果解释,至少都要能让人看出有比较、推敲和挑选的痕迹。

(3) 论文里有一些内容,如研究方法等,建议不要分散在多个地方交代,最好能集中在一个地方交代。

(4) 论文在逻辑上既不允许有断点,也不允许有重复,因此建议反复修改完善。

(5) 可以考虑使用注释,不要因为要介绍某个背景性知识或概念而影响了文章的流畅性。

(6) 涉及某个概念或知识点时,要考虑为何要用到这个概念,是否必要,以及如果必要,是否交代清楚了、是否做到了简洁且不突兀。

(7) 图文并茂。实证论文中会使用到一些图表,这些图表要和正文中的文字搭配在一起,组成一个有机整体,要明确指出呈现某个表或图的目的,尤其要考虑和假说检验是否关联紧密。也就是说,至少要对图表中的重要信息用文字明确阐释,而不是光秃秃地放几个表格在那里。图表要干净、美观,还需要取一个贴切、简洁的题目。这些方面可以先模仿本领域的范文,进行多次练习后就可以熟能生巧了。

（8）前后呼应，保持一致。呼应首先是首尾呼应，引言里提出问题，结语要给出回答。文献综述和研究设计提出了问题和假说、分析框架和检验思路，实证分析就要给出具体的假说检验结果。其他部分和小节都应尽量做到前后呼应，前面提出了什么目标，后面都要给出相关内容，否则内容就很容易散掉。

（9）衔接自然。要做到这一点主要靠假说。在前后部分之间、上下文之间，都要考虑到假说。有些时候衔接不自然，就是因为偏离了假说检验这个轨道，中间被莫名其妙地塞进来其他东西，影响了论文应有的假说检验逻辑。

思考与练习

1. 实证论文的核心是假说。请研读一篇实证论文，回答如下问题：①该论文的假说是什么？②该论文的研究设计是如何搭建起来的？假说是如何检验的？

2. 实证分析的主要工作是识别和推断。挑选一篇自己感兴趣的实证论文，分析该文是如何采用"排除法"进行识别和推断的。

3. 请选择一个自己感兴趣的研究主题（切入点要小且可操作），收集并研读一篇高质量的实证论文，结合本书提出的框架，模仿该文的写作套路，构思写作一篇实证论文，并尝试写出假说的具体含义、检验假说的研究设计等内容。

后　记

　　写一本有关论文写作的书，是我一直以来的愿望。自己给本科生讲授"文献阅读与写作"这门课，从2011年算起已经有近10个年头了，原本以为只需将前期的积累整理出来，不会太费劲。殊不知，真正做起来，是那么的举步维艰。其中，感触最深的是体会到了"编"与"著"的区别。在我看来，编是按照某个框架和思路将已有的材料和内容组织编排起来，而著则是根据自己的目标和框架，将自己的写作思路贯彻下去，要能落实到底。显然，著的内容应区别于已有认识，要做出自己的贡献。回想自己的写作过程中曾多次受制于某个阻碍，茶饭不思，辗转反侧，经历过后才明白，要真正对得起"著"这个字确实不容易。

　　终于写完了，倍感欣慰、如释重负，因为实现了最初的目标，按照自己的设想完成了这本书的写作。这本书代表了自己关于实证研究和写作的见解与主张，体现了自己的个性。具体而言，第一，关于对实证研究及实证论文的认识，我在书中特别强调了实证论文写作的功能和性质。从第二讲到第七讲均提及每一个部分的具体功能，从功能入手更容易抓住目标，从性质入手更容易把握动作。在我看来，所谓"能上手"，就是要让研究的一系列动作变得可操作起来。第二，我的研究能力和写作水平可能不高，但以真诚的态度对待此事，尽自己最大的努力做到最好，就在一定程度上感到满足了。值得一提的是，我希望尽量做到简洁实用，让每一句话都能传递自身想要传递的信息，坚决不写废话。我愿意做一条清澈的小溪，把需要认识清楚的内容和要点努力讲清楚，不藏着掖着，更不会故意把水搅浑。

终于写完了，在喜悦当中又莫名地感到一丝紧张与惶恐。白纸黑字，看看自己写的这些东西，想想自己要认账、要负责，不免有一丝莫名的紧张。不知道读者会如何看待我写的这些东西，是喜欢还是不喜欢呢？这些只能留给大家和时间来做评判了。

如果有人问，本书与其他同类书的最大区别是什么？我会很明确地告诉他，我对这本书的定位是，既不讲研究方法论，也不讲计量经济方法的具体操作，更不讲写作技巧，本书讲的是做实证研究的思维，讲的是具体如何把实证论文写清楚。与同类书相比，本书有以下三个显著特点：第一，它更强调实战，希望落实到实证论文的完成，具体到论文的每一个主要部分。本书为实证论文写作提供了具体的动作、对象及功能，为初学者提供了明确、具体的指导和训练。第二，它更强调证伪思维。实证论文是实证研究的结果呈现，证伪是实证研究的灵魂。实证论文写作，从提出问题和假说，再到检验假说，应体现出科学研究的证伪路径。第三，它更强调创新。很多人认为本科生或研究生写的实证论文，只要学会运用所学的专业知识对问题展开分析即可，对创新性不必有太高的要求。我并不认同这种观点，我认为实证论文更应强调创新。失去了创新或者降低了创新方面标准的论文，就算不上是好论文。一篇缺乏创新性的论文，给人的感觉就是普通甚至平庸，让人读之无味。

本书可视为我自己在论文写作指导与训练方面的一次探索。平心而论，书中至少还有两个方面不甚满意。一个是假说提出，这和文献综述有关。应该说，在这个部分我讲清楚了如何根据文献研究来发现和提出问题，但相对而言，如何在提出问题的基础上提出新的假说，讲得并不是太清楚。另一个是研究设计。对这部分的不满意并不是说没有讲清楚研究设计的目标和内容以及如何做等，而是没有讲清楚如何通过训练来提高这种研究设计的能力。从我的研究和教学经历来看，有些地方自己是明白的，但目前还没有能力讲清楚，把有用的经验写出来。希望能尽早攻克这两个难关，尽快地把这两个方面的心得、经验拿出来，与读者分享交流。

接下来，我愿意在这本书的基础上继续向前推进，目前有两个明确的方向：一个是努力完善本书中的相关内容，争取运用更多的案例和练习题目等，帮助大家更好地理解书中内容、更有针对性地进行训练；另一个是按照本书的框架和思路来写一本适合本科生的论文写作指导书，目前这本书可能更适合研究生使用。

我之所以能将有关研究和写作方面的认识体会写出来，并且通过作品让人感受到这份真诚，是因为我自己经历过、用心思考过和实践过，我是把自己做研究过程中的真实感受总结出来了。在我看来，所谓"道"，就是需要通过反复的练习，在实践中自己领悟。它既有共性的一面，可以和其他人分享交流；同时也有个性的一面，有区别于其他人的地方。实证研究和论文写作亦是如此。本书中所讲的、所写的，仅是我个人的一些粗浅认识和理解，供年轻朋友参考，希望能对你们有所启发和帮助。

撸起袖子，动起手来，大家一起努力，加油干！

刘西川
2020 年 8 月

教辅申请说明

北京大学出版社本着"教材优先、学术为本"的出版宗旨，竭诚为广大高等院校师生服务。为更有针对性地提供服务，请您按照以下步骤通过微信提交教辅申请，我们会在1~2个工作日内将配套教辅资料发送到您的邮箱。

◎扫描右方二维码，或直接微信搜索公众号"北京大学经管书苑"，进行关注；

◎点击菜单栏"在线申请"—"教辅申请"，出现如右下界面：

◎将表格上的信息填写准确、完整后，点击提交；

◎信息核对无误后，教辅资源会及时发送给您；如果填写有问题，工作人员会同您联系。

温馨提示：如果您不使用微信，则可以通过下方的联系方式（任选其一），将您的姓名、院校、邮箱及教材使用信息反馈给我们，工作人员会同您进一步联系。

联系方式：
北京大学出版社经济与管理图书事业部
通信地址：北京市海淀区成府路205号，100871
电子邮件：em@ pup. cn
电　　话：010－62767312/62757146
微　　信：北京大学经管书苑（pupembook）
网　　址：www. pup. cn